Edition Habermann

Anagarika Govinda mit 75 Jahren
auf Vortragsreise, im Zug nach Berlin | 1973

TIBETS SACHSE

ERNST HOFFMANN WIRD LAMA GOVINDA

Herausgegeben von Birgit Zotz

Edition **Habermann**
München 2016

Begleitbuch zur Ausstellung im Museum Waldheim 2016/17

© 2016 Edition Habermann
der Lama und Li Gotami Govinda Stiftung, München

Umschlagbilder: © Lama und Li Gotami Govinda Stiftung, München
Likir Gompa, ein Gelugpa Kloster in Ladakh Gemälde von Anagarika Govinda
Portrait Anagarika Govinda, Foto: Li Gotami

Übersetzungen der Texte von R. C. Tandan und Niranjan Majumder aus
dem Englischen von Birgit Zotz

ISBN
Hardcover   978-3-96025-006-7
Paperback   978-3-96025-007-4
e-Book   978-3-96025-008-1
www.lama-govinda.de

ABBILDUNGSVERZEICHNIS

GEBURT DES GLÜCKS | 3. VERSENKUNGSSTUFE | PASTELL 29,8X40CM

VORWORT DER HERAUSGEBERIN

1920 verließ der im mittelsächsischen Waldheim 1898 geborene Ernst Lothar Hoffmann Deutschland. Nach Stationen auf Capri und in Nordafrika wurde er zum Staatsbürger Indiens und einem Lama des tibetischen Buddhismus. Er erlangte weltweit Beachtung als Schriftsteller, Maler, Interpret buddhistischer Lehren und Praktiken, bevor er 1985 in Amerika starb. Bei seinem Weg über vier Kontinente erfuhr er starke Wandlungen seiner Lebensform und geistigen Perspektive, die weitergingen, als Ernst Hoffmann bereits zu Lama Govinda geworden war.

Bei allen Veränderungen der geistigen Positionen war eine starke Konstante seines Wegs die Wertschätzung und subjektiv empfundene Identifikation mit der tibetischen Kultur, mit der er erstmals 1931 in Indien näher in Berührung kam. Als eine seiner Lebensaufgaben betrachtete er, „die Erinnerung an die Größe und Schönheit des Geistes festzuhalten, welche die Geschichte und das religiöse Leben Tibets erfüllten, damit künftige Generationen ermutigt und inspiriert werden, ein neues Leben auf den Fundamenten einer erhabenen Vergangenheit zu bauen."[1]

In einer Zeit, als das Thema Tibet noch nicht *in* war, man in Europa und Amerika kaum Literatur darüber fand und keine Massenmedien ausführlich über das Land und seine Vertreter berichteten, wollte Govinda durch Bücher und Artikel sowie Vortragsreisen, Impulse der in Tibet gepflegten Kunst und Philosophie für andere Regionen fruchtbar machen.

Für diese Versuche und seine Nähe zu ihrer Tradition wurde er von tibetischen Autoritäten verschiedener buddhistischer Schulrichtungen hoch geachtet. Der XIV. Dalai Lama hob in einer Würdigung zu Govindas 75. Geburtstag dessen Leistungen hervor, „ein Interesse an der Kultur und Religion Tibets unter den Völkern des Westens zu schaffen und zu fördern," und wies auf die Bedeutung seiner Bücher für viele dankbare Leser hin.[2] Ayang Rinpoche, ein führender Vertreter der tibetischen Drikung-Tradition, schrieb in seinem Nachruf auf Anagarika Govinda: „Er war wie eine goldene Brücke zwischen Ost und West. Lama Govinda besaß große Kenntnisse des tibetischen Buddhismus und der tibetischen Kultur; er war ein vollendeter Praktiker und erlangte tiefe Verwirklichung."[3] Tarthang Tulku, ein hochrangiger Lama der Nyingma-Tradition, der gern mit Govinda gemeinsam lehrte und zusammenarbeitete, betrachtete ihn als guten Freund.[4]

Tibets Sachse. Ernst Hoffmann wird Lama Govinda ist der Titel einer Ausstellung von Mai 2016 bis Januar 2017 im Museum Waldheim, gemeinsam veranstaltet von Govindas Geburtsstadt und der Lama und Li Gotami Govinda Stiftung. Aus Anlass dieser Ausstellung erscheint vorliegendes Buch.

In sechs Beiträgen liefert es Informationen und Hintergründe zu Govindas außergewöhnlichem Leben und vielfältigem Wirken, die sich über Besucher der Ausstellung hinaus an Leser mit Interesse an Govindas Werk wenden. Darüber hinaus wird Hoffmann-Govinda selbst in drei Texten zu Wort kommen.

Der erste Beitrag von der Herausgeberin „Die ganze Schönheit der Welt einzufangen" führt mit einigen Eckdaten und Ereignissen in den Weg und das Schaffen des Mannes ein, der sich nicht eindeutig als Künstler, Schriftsteller, Gelehrter oder Persönlichkeit des religiösen Lebens etikettieren lässt. „Mit Ernst Hoffmann, der Lama Govinda wurde, begegnen wir dem Werdegang eines Menschen, der nicht blieb, wohin die Umstände seiner Geburt, die Konventionen seines Umfelds ihn stellten."

Ram Chandra Tandan schildert im folgenden Artikel „Anāgārika Govinda als Künstler" das Echo, das dieser als Maler in Indien erlebte, und interpretiert sein bildnerisches Werk: „Für Govinda erschöpfte sich die Wirklichkeit nicht in ihren sichtbaren Tages- und Nachtseiten, die sich im Kontrast von Licht und Dunkelheit zeigen. Immer suchte der Künstler darüber hinaus nach der verborgenen Innenseite der Dinge, ihrer tieferen Realität."

Im dritten Beitrag „Äußere Orte – Inneres Geschehen" liefert Peter van Ham eine kritische Untersuchung wesentlicher Motive in Govindas bekanntestem Werk *Der Weg der weißen Wolken*. Er sieht „Govindas Erzählweise nicht wesentlich geprägt von stilistischen Intentionen der Leserorientiertheit oder pädagogischen Überlegungen, sondern vielmehr authentisch als Selbstdarstellung eines von seinem Erlebten erfüllten Autors, der sich nicht scheut, seine persönliche Sicht der Dinge in den Mittelpunkt des Berichts zu stellen, der sich bewusst ist über die Subjektivität der Darstellung und diese auch bewusst wählt."

Peter Michels Gedanken über „Lama Govindas Brückenschlag zwischen den Kulturen" zeigen, wie es dem Weltbürger bei seinen Wegen zwischen Ost und West keinesfalls darum ging, „kritiklos und schwärmerisch die Seiten zu wechseln, sondern in bewusster Synthese scheinbar Getrenntes im eigenen Inneren zur Synthese zu führen."

Volker Zotz veranschaulicht an Beispielen, wie Govinda als Wahl-Inder und tibetischer Ordensangehöriger doch nie die Verbindung zu seinen sächsischen Wurzeln aufgab, stets mit seiner Familie in der Geburtsstadt Waldheim in Kontakt blieb und wünschte, dass diese an seinen Erfahrungen teilnimmt.

Die Stadt Waldheim, in der Govindas Weg begann, stellt der abschließende Beitrag von François Maher Presley vor. Wie der Autor bemerkt, war der Lama aus Sachsen nicht an physischen Lokalitäten sondern in geistigen Inhalten zuhause: „Govinda fand seine Heimat in seinem Werk, dessen Wirkung nicht durch Grenzen bestimmt ist, sondern in das jeder Mensch und jeder Ort einbezogen sind."

Dass dieses Menschen und Orte einschließende Werk drei Jahrzehnte nach Govindas Tod aktuell blieb, zeigt die Tatsache, dass 2016 bei einer zweiten Ausstellung dem Wirken Govindas eine zentrale Rolle zukommt. Diese findet vom November bis zum Herbst 2017 im Historischen und Völkerkundemuseum St. Gallen in der Schweiz statt. Der Titel der von Peter van Ham kuratierten Ausstellung lautet angelehnt an Govindas bekanntestes Buch *Auf dem Weg der weißen Wolken. Westtibet einst und jetzt.* Aus dem Fundus der Lama und Li Gotami Govinda Stiftung werden Gemälde und Tempelpausen Govindas aus Westtibet gezeigt.

Gerade in einer Zeit, in der sich durch Migrationsströme immer mehr Lebensläufe über mehr als eine geografische Sphäre entfalten, mag das Wirken des Kosmopoliten Anagarika Govinda, der seinen Weg zwischen den Welten in zahlreichen Schriften und Bildern reflektierte, von besonderem Interesse sein.

Den ersten Text, mit dem Govinda in diesem Band selbst zu Wort kommt, schrieb der Autor noch als Ernst Lothar Hoffman auf Capri, als er in den frühen 1920er Jahren für seine archäologischen Studien im Mittelmeerraum unterwegs war. Der Text mit Impressionen von der Insel Pantelleria, wie auch der Titel lautet, blieb damals unveröffentlicht und erscheint im vorliegenden Band erstmals im Druck.

Die Gedanken des zweiten Textes „Der Parallelismus zwischen Kunst und Meditation" hat der Autor zu Lebzeiten in abweichenden Versionen an verschiedenen Stellen veröffentlicht, erstmals in seinem Buch *Art and Meditation* (1936), zuletzt in *Schöpferische Meditation und multidimensionales Bewusstsein* (1977).

Der dritte Text „Die Kunst Sri Anagarika Govindas" ist die deutsche Übersetzung eines Live-Interviews, das der indische Journalist Niranjan Majumder im Januar 1946 für das Programm von *All India Radio* mit Govinda führte.

1   Lama Anagarika Govinda: *Der Weg der weißen Wolken.* Zürich 1969, S. 14

2   The Dalai Lama: „Message." In: *Wege zur Ganzheit. Festschrift zum 75. Geburtstag vom Lama Anagarika Govinda von seinen Freunden und Schülern.* Almora 1973, S. 7

3   *Der Kreis* 174 (Januar-März 1985), S. 105

4   Vgl. Tarthang Tulku Rinpoche: „Preface." In: Lama Anagarika Govinda: *Psychocosmic Symbolism oft he Buddhist Stūpa.* Emeryville 1976, S. XI

Positano Häuser und Meer | Italien | 1922 | Pastell 31x21cm

BIRGIT ZOTZ

„DIE GANZE SCHÖNHEIT DER WELT EINZUFANGEN." ANAGARIKA GOVINDAS WEG ÜBER DIE KONTINENTE

Das Leben und Wirken Ernst Lothar Hoffmanns, der als Lama Anagarika Govinda bekannt wurde, lässt sich in keiner Schublade befriedigend ablegen. War er ein Künstler, ein wissenschaftlich orientierter Forscher oder vor allem ein spirituell bewegter Mensch? In jede dieser Kategorien und in weitere ordnete man ihn ein. Herausragende Maler der indischen Moderne wie Nandalal Bose, Asit Kumar Haldar und Abanindranath Tagore betrachteten ihn als einen der ihren.[1] Doch in Europa und Amerika nahm man ihn kaum als Künstler wahr, sondern vor allem als literarischen Vermittler buddhistischer und tibetischer Kultur. Vielen galt er als Wissenschaftler, als „einer der großen buddhistischen Gelehrten unserer Zeit."[2] Als solchen sahen ihn auch einige Zeitgenossen in Indien, etwa der bekannte Himalaja-Filmer Navnit Parekh (1923-1998), der Govinda einen „weltbekannten Gelehrten und eine Autorität des tibetischen Buddhismus" nannte.[3] Anderen erschien seine Beschäftigung mit Meditation und religiösen Fragen fern von aller Wissenschaft und irrational. Entsprechend wurde Govinda oft als „Mystiker" bezeichnet.[4]

Zur Schwierigkeit, ihn mit einem Etikett wie „Maler" oder „Gelehrter" eindeutig zu charakterisieren, kommt jene der geografischen und kulturellen Zuordnung. Von Geburt ein Bürger des Königreichs Sachsen, lebte er in Italien und Nordafrika, bevor er in Indien dessen Nationalität annahm. Zu den Wurzeln in Europa traten als wesentliche Orientierungspunkte Beziehungen zur Kultur Indiens, wo er ein halbes Jahrhundert wohnte, zum Buddhismus Tibets und zum chinesischen Daoismus. Den Lebensabend verbrachte Govinda in Kalifornien.

Wegen seiner globalen Perspektive kann man nicht mit derselben Eindeutigkeit sagen, „Ernst Hoffmann war ein deutscher Schriftsteller" oder „Anagarika Govinda war ein indischer Maler", wie sich der sichere Satz formulieren lässt: „Franz Schubert war ein österreichischer Komponist." Das indische Wort Anāgārika bedeutet „Hausloser" und bezeichnet die Lebensform eines Ungebundenen. Dass Govinda es auch zum Eigennamen wählte, sagt viel über sein Selbstbild. An keinem physischen oder geistigen Ort wollte er stehenbleiben, nichts in seinem Dasein galt ihm als eindeutig und endgültig. Unter menschlichem Leben verstand er „nicht das Inbesitznehmen von irgend etwas, sondern ein Teilnehmen an allem, was mit uns in Berührung kommt" auf einem „Weg der Verwandlung."[5] Er charakterisierte sich als „indischer Staatsbürger europäischer Herkunft und buddhistischer Religion, der einem tibetischen Orden angehört und an die Bruderschaft der Menschen glaubt."[6]

Mit Ernst Hoffmann, der Lama Govinda wurde, begegnen wir dem Werdegang eines Menschen, der nicht blieb, wohin die Umstände seiner Geburt, die Konventionen seines Umfelds ihn stellten. Er wollte reflektiert und absichtsvoll seine Religion, seine Nationalität wie seinen jeweiligen geografischen Platz auf der Erde wählen und dabei bewusst wandlungsfähig bleiben. Zu seiner Zeit war diese Haltung alles andere als alltäglich.

Mit 7 Jahren in Kassel

SOLDAT IM ERSTEN WELTKRIEG

Sein ungewöhnliches Leben begann 1898 im mittelsächsischen Waldheim. Der Vater betrieb dort eine Zigarrenfabrik, die Mutter stammte aus Bolivien. Während der Kindheit und Jugend, die er in der Geburtsstadt Waldheim, bei Verwandten in Kassel und in einer Internatsschule verbrachte, begeisterten ihn Erzählungen über die Heimat der Familie mütterlicherseits: „Meine Kindheitsträume woben sich um die schneebedeckten Gipfel der Anden und die majestätischen Einsamkeiten des bolivianischen Hochlandes," wo „Karawanen von Maultieren und Llamas sich mühsam durch die Wildnis der Berge wanden." Fasziniert hörte er, wie Angehörige über „die Angelegenheiten ihrer Wismut-Minen in den Bergen von Quechisla" und von den Taten seines Urgroßvaters Otto Philipp Braun (1798-1869) sprachen. Dieser hatte auf Haiti für den ehemaligen schwarzen Sklaven Henri Christophe gearbeitet, der dort von 1811 bis 1820 als König Henri I. regierte. Später unterstütze Otto Philipp Braun als führender Mitstreiter Simón Bolivars dessen Befreiungskampf. Er wurde Kriegsminister Boliviens und vom Präsidenten André de Santa Cruz mit dem Titel „Großmarschall von Montenegro" geehrt.

Der junge Ernst Hoffmann wollte wie dieser Urgroßvater und andere Verwandte in fernen Ländern wirken. Als Kind wünschte er, sich in Südamerika „dem Bergbau zu widmen", wie es der Tradition in der Familie der Mutter entsprach. „Als ich jedoch etwas älter wurde, entdeckte ich, daß ich mich nicht so sehr für die Tiefen der Erde als für die Tiefen des Geistes interessierte, und so wandte ich mich vom Studium der Naturwissenschaften zum Studium der Philosophie."[7]

Dann rissen ihn der Erste Weltkriegs, an dem er als Soldat teilnehmen musste, und dessen Folgen aus den Studien der Philosophie und Archäologe an der Universität von Freiburg im Breisgau. Schwer an Tuberkulose erkrankt, kehrte er von der italienischen Front heim, um lange Zeit in Sanatorien zu verbringen. Dort schloss er 1920 sein erstes Buch ab, *Die Grundgedanken des Buddhismus und ihr Verhältnis zur Gottesidee.*[8]

Dieses Werk, das er mit 18 Jahren zu schreiben begann, war zunächst als Vergleich von Christentum, Islam und Buddhismus geplant. Es ging dem jungen Autor darum, „meine eigene Religion zu bestimmen, denn es schien mir nicht sinnvoll, unbesehen einen Glauben zu akzeptieren, nur weil meine Vorfahren ihm angehangen hatten oder weil er von der Gesellschaft, in der ich lebte, für selbstverständlich gehalten wurde."[9]

Während der Arbeit am Buch sprachen ihn mehr als die Aussagen monotheistischer Religionen jene des Buddhismus an, die ihm stärker an die Vernunft zu appellieren schienen: „Wie kann auch durch ein bloßes Glauben an etwas ein Fortschritt erlangt werden? Und wie kann ein Glaube befriedigen, der nicht mit unserem Verstand zu vereinbaren ist oder ihm gar widerspricht?"[10]

Um sein Lungenleiden auszukurieren oder wenigstens an einem klimatisch milden Ort die letzte Lebenszeit zu verbringen, zog er 1920 auf die witterungsmäßig günstige italienische Insel Capri. Tatsächlich tat ihm die dortige Atmosphäre so gut, dass er sich zunehmend erholte. Dazu trug nicht zuletzt die Pflege durch Anna Habermann (1868-1950) bei, einer Fotografin, die auf Capri ein Studio betrieb. Die ursprünglich Deutsche mit österreichischer Staatsbürgerschaft hatte ihre Tochter durch Tuberkulose verloren. Sie kümmerte sich hingebungsvoll um den jungen Kriegsveteranen, den sie wie einen Sohn aufnahm und vor dem Schicksal ihrer Tochter bewahren wollte.

Nach einiger Zeit festigte sich sein gesundheitlicher Zustand so weit, dass er konzentriert verschiedenen Projekten nachgehen konnte. Um seine archäologischen Studien weiter zu verfolgen, nahm er architekturhistorische Forschungen über frühgeschichtliche Kultbauten im Mittelmeerraum auf. Das Deutsche Archäologische Institut in Rom unterstützte seine in Fachkreisen positiv aufgenommenen Untersuchungen mit einem Stipendium. Hermann Thiersch (1874-1939), Ordinarius für klassische Archäologie an der Göttinger

Universität, begrüßte Ernst Hoffmanns Ergebnisse als „gute neue Beobachtungen und wertvolle Berichtigungen der älteren Darstellungen."[11]

Neben diesem Projekt zur prähistorischen Architektur beschäftigten Hoffmann auf Capri weiterhin buddhistische Studien. An der nahen Universität Neapel vorhandene Literatur erlaubte ihm, die klassische indische Sprache Pāli zu lernen, um darin überlieferte Reden des Buddha und andere alte Werke im Original zu lesen. Der auf der Insel lebende amerikanische Maler Earl Brewster (1878-1957), mit dem er Freundschaft schloss, setzte sich gleichfalls tiefgehend mit der Lehre des Buddha auseinander und regte Ernst Hoffmann an, das Buch *Abhidhammatthasaṅgaha* des Philosophen Anuruddha, der etwa im 11. Jahrhundert wirkte, aus dem Pāli erstmals auf Deutsch wiederzugeben. Die Übersetzung erschien in Fortsetzungen von 1926 bis 1928 in der *Zeitschrift für Buddhismus* und mit einem ausführlichen Kommentar von Hoffmann 1931 in Buchform.[12]

Gemeinsam mit Earl Brewster begann Hoffman auf Capri, nach Anleitung von ihnen übersetzter buddhistischer Texte zu meditieren. Dabei änderte sich sein Verständnis des Buddhismus. Sah er diesen in seinem ersten Buch von 1920 als Lehre, die dem kritischen Verstand entgegenkam, wurde jetzt die Praxis wichtig. Diese führte ihn zu bislang unbekannten inneren Erfahrungen, etwa einem Empfinden, der Unbegrenztheit des Raums direkt gewahr zu werden:

„Das Raumbewusstsein erstreckt sich nun auch nach unten: der Boden scheint zu versinken, der Körper fortzurücken unter die anderen Objekte im Raum, die in ihrer Bedeutung wesenlos geworden sind, so dass sie keine Begrenzung mehr bilden und die Unendlichkeit des Raumes unmittelbar erlebt wird, in der der Meditierende sich emporgehoben und schwebend fühlt. Die anfängliche Gelöstheit erweitert sich so zum Bewusstsein ungehemmter Freiheit."[13]

Solche Erfahrungen verarbeitete Hoffmann in lyrischen Texten. 1927 erschien in Sachsen sein erster Gedichtband *Rhythmische Aphorismen*.[14] Diesem folgte bald ein weiterer mit dem Titel *Gedanken und Gesichte*, der inneren Erlebnissen Ausdruck gab, etwa jenem des Vergehens und Neuwerdens:

DES WELTENBRANDES FERNER WIDERSCHEIN
    DRINGT ALS EIN LETZTES
    DURCH DAS SCHMALE TOR DER SINNE
IM INNERN WEITET SICH
    EIN NIE ERSCHAUTER RAUM
UND WÄCHST, JE MEHR
    DIE FLAMMENGLUTEN SCHWINDEN:
UND AUS DEM GRUNDE,
    DER NOCH WANKT UND WOGT,
NACHBEBEND VON DER AUSSENWELT GESCHEHEN
    SPRIESST SÄUL' AUF SÄULE HOCH:
UND BLÜTENKELCHEN GLEICH
    ENTFALTEN IHRE HÄUPTER SIE
    ZUR WÖLBUNG[15]

Ein anderes Medium, in dem Ernst Hoffmann meditative Erfahrungen darstellte, war die bildende Kunst, insbesondere die Malerei mit Pastell- und Aquarellfarben sowie das Zeichnen mit Kohle. Zum Veranschaulichen innerer Einsichten schienen ihm gegenstandslose Bilder angemessen, „die nicht den Umweg über äußere Objekte gehen,"[16] sondern deren Formen und Farben direkt zum Betrachter sprechen. Erst nach 1910 fand die so genannte abstrakte Malerei durch Künstler wie Wassily Kandinsky, František Kupka, Piet Mondrian und Robert Delaunay Eingang in die europäische Malerei. Ernst Hoffmanns gegenstandslose Bilder der 1920er Jahre gehören damit zu den frühen Zeugnissen dieses Genres.[17]

Mit Anna Habermann auf Reisen | 1920er Jahre

Gleichzeitig begann er Landschafts- und Architekturmotive zu malen. Er sammelte erste Erfahrungen mit der Fotografie, indem er Anna Habermann in ihrem Fotostudio half. So erwarb er sich in seiner Zeit auf Capri jene Fertigkeiten und Erfahrungen, die ihn später seine berühmten Tibet-Reisen nicht nur als Autor, sondern auch als Maler und Fotograf reflektieren ließen.

Von Capri aus brach Ernst Hoffmann oft in Begleitung Anna Habermanns immer wieder zu längeren Aufenthalten an verschiedenen Orten des Mittelmeerraumes auf, was auch durch sein archäologisches Forschungsprojekt notwendig wurde. Einige Monate lebte er in Nordafrika unter Angehörigen der Aïssâwa, einer von Muhammad Ben Aïssâ (1465–1526) gegründeten Sufi-Bruderschaft.[18] Die Teilnahme an den Ritualen dieser islamischen Mystiker bekräftigte seine Auffassung einer Herrschaft des Geistes über das Stoffliche:

„Welchen Namen wir dieser Macht auch geben wollen – ob wir sie Allah zuschreiben oder gewissen Fähigkeiten jenes universellen Bewußtseins, an dem alle lebenden Wesen im Zentrum ihres Seins teilhaben und zu dem der Mensch Zutritt gewinnen kann, wenn er bereit ist, sein kleines Ich zu vergessen, allein wichtig ist die Macht des Geistes über die Materie, selbst in der groben Form, in der diese Macht auf einem primitiv-menschlichen Niveau zum Ausdruck kommt."

1928 zog Hoffmann, dessen Gesundheitszustand sich stark gebessert hatte, auf die zu Britisch-Indien gehörende Insel Ceylon, das heutige Sri Lanka. Hier wollte er seine Studien und die Praxis des Buddhismus mit Hilfe von Anton Gueth (1878-1957) vertiefen. Dieser war mit dem Ordensnamen Nyanatiloka schon 1904 als erster Deutscher ein buddhistischer Mönch geworden und hatte zahlreiche klassische Texte Indiens in seine Muttersprache übersetzt.[19] Bei ihm entschied sich Ernst Hoffmann für die ungebundene Lebensform des Anagarika und nahm Govinda als religiösen Namen an.

In Kairouan, Tunesien | 1925

Er intensivierte auf Ceylon seine philologischen Studien und widmete sich einige Zeit einem ambitionierten aber wenig erfolgreichen Projekt, weltweit Buddhisten in einer „International Buddhist Union" zusammenzuführen. Auf einer Reise nach Birma, ins heutige Myanmar, hatte er prägende Erlebnisse und Begegnungen, etwa mit dem dort als Heiligen verehrten Einsiedler U Khandi (1868-1949).[20]

Als sich Govinda 1931 an einer Konferenz in der nordindischen Stadt Darjeeling teilnahm, begegnete er dem tibetischen Lama Ngawang Kalzang (1866-1936). Govinda erlebte diesen als „einen Mann, der alle, die mit ihm in Berührung kamen, nicht nur durch Gelehrsamkeit, sondern durch seine bloße Gegenwart beeindruckte und der somit den Beweis erbrachte, daß das, was die heiligen Texte lehren, hier und jetzt verwirklicht werden kann wie in den Tagen des Buddha."[21] Indem Govinda sich diesen tibetischen Würdenträger zum Vorbild und Lehrer nahm, trat in seiner spirituellen Orientierung zum Theravāda ceylonesischer Prägung der Vajrayāna-Buddhismus Tibets.

Um seinem neuen Lehrer möglichst nahe zu sein, der gelegentlich aus Tibet seine Klöster in Nordindien besuchte, ließ Govinda sich dort nieder. Ebenfalls 1931 lernte er den Literatur-Nobelpreisträger Rabindranath Tagore kennen, der bedeutenden Einfluss auf ihn gewann. Tagore hatte in Śāntiniketan die heutige Visva Bharati Universität gegründet, an der Govinda eine Lehrtätigkeit aufnahm. Unter anderem hielt er hier Vorlesungen zur Symbolik buddhistischer Architektur, die mit einem Vorwort von Tagore in Buchform erschienen.[22]

Auch an den Universitäten von Allahabad und Patna hielt Govinda Vorlesungen, darunter einen Zyklus über die Psychologie des frühen Buddhismus, der nach seiner Veröffentlichung in Fachkreisen eine weite Verbreitung fand.[23]

In Śāntiniketan | 1935

Fasziniert von der tibetischen Kultur, die ihm Ngawang Kalzang vermittelte, unternahm er 1932 und 1933 Reisen in den tibetischen Kulturraum, ins Chumbi-Tal und Ladakh, wo die ersten seiner tibetischen Gemälde entstanden. Auch in Indien schuf er zahlreiche Bilder, die dort mit den aus Europa mitgebrachten Werken auf ein großes Interesse in der Kunstszene stießen. In indischen Städten wie Kalkutta, New Delhi und Bombay fanden im Lauf der Jahre Ausstellungen seiner Bilder statt. In einer eigenen „Govinda Hall" des Museums von Allahabad wurden ab 1938 in einer Dauerausstellung 90 seiner Gemälde gezeigt.[24]

1933 gründete Govinda inspiriert durch seinen tibetischen Lehrer Ngawang Kalzang in Darjeeling den Orden *Ārya Maitreya Maṇḍala*, der zunächst unter Intellektuellen in Indien Mitglieder fand. In den folgenden Jahrzehnten kam es zu Zweigen in vielen Ländern, darunter in Vietnam und den USA. Nach Europa gelangte dieser Orden ab 1952 durch den deutschen Theaterschauspieler und Autor Hans-Ulrich Rieker (1920-1979), der während eines langen Aufenthalts in Indien Govindas Schüler geworden war.[25] Der Orden „spielte in den westlichen Gesellschaften zahlenmäßig nie eine große Rolle. Er machte keine Schlagzeilen und führte keine Aufsehen erregenden Aktionen durch; aber er säte in der Stille viele Samen, die reichlich Früchte bringen sollten. Er förderte das ernsthafte Studium der historischen Quellen des Buddhismus, er errichtete Brücken zwischen den Traditionssträngen und brach verkrustete Traditionen auf."[26]

In den 1930er Jahren wirkte Govinda auch als Generalsekretär der *International Buddhist University Association*, die sich die Gründung einer buddhistischen Universität in Indien zur Aufgabe stellte. Diese Funktion, seine universitären Lehrtätigkeiten und künstlerischen Aktivitäten ließen ihn in Kontakt mit zahlreichen Vertretern des geistigen und politischen Lebens Indiens kommen. Er pflegte auch freundschaftliche Beziehungen mit führenden Vertretern der indischen Unabhängigkeitsbewegung wie dem späteren ersten Ministerpräsidenten Jawaharlal Nehru, dessen Tochter Indira Gandhi in Śāntiniketan eine Studentin Govindas war.

Govindas Wunsch die Staatsbürgerschaft Indiens anzunehmen, erfüllte sich 1938. Zu der Tatsache, dass er Indien inzwischen als geistige Heimat und Stätte seines Wirkens betrachtete, bewertete er seit dem Machtantritt der Nationalsozialisten die politische und gesellschaftliche Situation Deutschlands zunehmend negativ, wie aus seiner umfangreichen Korrespondenz jener Zeit hervorgeht.[27] Mit seiner Einbürgerung wurde „Anagarika", bisher die Bezeichnung seiner Lebensform, zu seinem Vor- und „Govinda" zu seinem Nachnamen im rechtlichen Sinn. In seinen späteren indischen Pässen taucht der Name Ernst Hoffmann nicht mehr auf.

Im Januar und Februar 1940 begleitete Govinda den prominenten chinesischen buddhistischen Meister Taixu (1890-1947) auf dessen Pilgerfahrt zu den heiligen Stätten Indiens.[28] In diesem Jahr, als Govindas Reputation als Künstler, Gelehrter und Persönlichkeit des spirituellen Lebens auf dem Subkontinent und international ihren bisherigen Höhepunkt erlebte, wurde er am 27. September überraschend verhaftet. In seinen Aufzeichnungen heißt es unter diesem Datum lapidar: „Am frühen Morgen aus meinem Heim entführt."[29]

Die britischen Behörden Indiens hatten beschlossen, ihn wegen des Krieges mit Deutschland zu internieren, obwohl er die deutsche Staatsbürgerschaft ablegte und jene Britisch-Indiens annahm. Bis Kriegsende 1945 saß er in Lagern fest. Die Internierung eines eigenen Staatsbürgers war ungewöhnlich, wenn nicht rechtswidrig, doch galt Govinda britischen Dienststellen als verdächtig. Seit Jahren ließen sie ihn observieren und wollten bereits seine Einbürgerung verhindern, die erst auf Intervention prominenter Inder wie der Familie Nehru möglich wurde.

Die *National Archives of India* in New Delhi bewahren einen geheimdienstlichen Bericht, in dem britische Beamte 1936 mutmaßen, Govinda könne ein Agent der deutschen Regierung sein. Er erhalte Besuche deutscher Reisender in Indien und habe sich mit buddhistischen Priestern aus Japan getroffen. Auch schien suspekt, dass er auf Ceylon eine Frau mit Sympathien für den Kommunismus kannte und durch seine Kunstausstellungen viele Kontakte zu Angehörigen der Oberschicht unterhielt. Govinda ist dem Bericht zufolge „eine sehr kluge, intelligente Person mit mysteriösen Gewohnheiten und Verhaltensformen," die auf „westliche Gewohnheiten und Kultur verzichtet hat." Man unternehme „jede Anstrengung, um seine Bewegungen und Aktivitäten in Indien zu beobachten."[30]

Die Jahre in den Lagern waren für den freiheitsbewussten Govinda schwierig. Zwar versuchte er, soweit die Umstände es zuließen, sie mit Studien, Schreiben und Meditieren zu füllen, doch gab es Phasen der Krankheit und Niedergeschlagenheit.[31] Die meiste Zeit verbrachte er im Internierungslager von Dehra Dun, in dem Staatsangehörige der Kriegsgegner festgesetzt waren, darunter der Alpinist Heinrich Harrer. Oft kam es zu Konflikten zwischen Insassen, die wie Harrer Nationalsozialisten waren, und den Gegnern des NS-Regimes und Juden mit deutscher Staatsbürgerschaft, die man gleichfalls dort internierte. Schließlich trennten die Behörden die Juden und die Regime-Gegner, zu denen Govinda gehörte, von den Nationalsozialisten und ihren Sympathisanten. Govinda schloss im Lager lebenslange Freundschaften, etwa mit dem deutschen buddhistischen Mönch Nyānaponika[32], der jüdischer Abstammung war, und mit dem Regisseur Paul Zils (1915-1979), mit dem Govinda später an mehreren Filmprojekten arbeitete.

Nach seiner Entlassung konnte Govinda nicht unmittelbar an seinem früheren Leben anknüpfen. Die Jahre der Gefangenschaft hinterließen Spuren, von denen er sich erholen musste. Zudem war die Welt, in der er sich wieder-

HOCHZEIT MIT LI GOTAMI | 1947

fand, eine andere geworden als jene, aus der man ihn gerissen hatte. Durch den Zweiten Weltkrieg und die nahende Unabhängigkeit Indiens hatte sich viel in der kulturellen Stimmung gewandelt.

Govinda änderte in den folgenden Jahren sein äußeres Leben. 1947 heiratete er Rati Petit (1906-1988), eine Parsin, die als Malerin und Fotografin den Künstlernamen Li Gotami annahm. Er kannte sie bereits seit den 1930er Jahren aus Śāntiniketan, „wo ich als Lektor im ‚Post-Graduate Department' tätig war und wo Li Gotami zwölf Jahre lang (anfangs unter Nandalal Bose und später unter Abanindranath Tagore) indische Kunst studierte und von tibetischen Künstlern auch tibetische Fresko- und Thangkatechniken erlernte."[33]

Mit seiner Frau unternahm Govinda 1947 und 1948 Expeditionen nach Süd- und Westtibet. Diese wurden von der Zeitschrift *Illustrated Weekley of India* finanziert, die dafür das Recht zu ersten Publikationen darüber erhielt. Schon vor dem Zweiten Weltkrieg fasste Govinda den Plan, das erloschene Königreich Guge im Westen Tibets zu besuchen, um die dortigen verlassenen Tempel der einstigen Hauptstadt Tsaparang zu untersuchen und deren Kunst zu dokumentieren. Dieses abenteuerliche Unternehmen gelang 1947 mit Hilfe Li Gotamis. Ein großer Teil von Govindas Buchs *Der Weg der weißen Wolken*, das ihn ab 1966 international bekannt werden ließ, handelt von diesen Expeditionen. Li Gotami veröffentlichte die Fotographien der Forschungsreisen in den beiden Bänden *Tibet in Pictures*.[34]

Ab 1955 lebten Govinda und seine Frau abgeschieden in der Nähe von Almora im nordwestindischen Kumaon-Himalaja, wo sie sich der Meditation, ihren Studien und der Malerei widmeten. Es erschien eine Reihe von Büchern, die Govindas Ruf als Interpret buddhistischer Lehren festigten, 1956 zuerst auf Deutsch *Grundlagen tibetischer Mystik*[35], 1966 zuerst auf Englisch *Der Weg der weißen Wolken*, 1977 *Schöpferische Meditation und multidimensionales Bewusst-*

sein.[36] Diese und weitere Werke, die in zahlreiche Sprachen übersetzt wurden, machten den Autor weit über Indien hinaus bekannt.

Der durch seine Publikationen begründete Ruf, er könne den damals noch wenig bekannten tantrischen Buddhismus Tibets authentisch vermitteln, konfrontierte ihn mit Anfragen und Einladungen aus aller Welt. Dies führte dazu, dass Govinda 1960 erstmals seit mehr als dreißig Jahren wieder nach Europa reiste. Die *Fondazione Giorgio Cini* in Venedig hatte Govinda als Vertreter des Buddhismus zur Tagung *The Experience of Prayer* eingeladen, die sich dem Thema der Gebets im interreligiösen Kontext widmete. Govinda tauschte sich hier mit Vertretern der katholischen Kirche und anderen religiösen Führern aus.

Im Zuge dieses Aufenthaltes in Europa sah Govinda auch Deutschland wieder. Er hielt in München einen Vortrag über das *Tibetische Totenbuch*. Auch sprach er in Hamburg, Berlin und an anderen Orten. Wie zahlreiche Zeugnisse belegen, hinterließ er bei Zuhörern tiefe Eindrücke: „Seine gütige, feine, äußerst bescheidene Art und seine tiefe Religiosität hat uns stark berührt."[37] – „In meinem jetzigen Leben habe ich noch keinen Menschen kennengelernt, der an geistiger Ausstrahlung der Güte, des Verstehens anderer und dem tiefen Wissen dem Ehrwürdigen Lama Anagarika Govinda gleich käme."[38] – „Vieles, das mir bisher Ideal war, wurde hier erlebbar, fassbar, Wirklichkeit. Lama Anagarika Govinda zu schildern, würde wohl ins Unendliche gehen, da man das Empfinden haben konnte, er ist ohne Grenzen – universal."[39]

Dieser Ruf, ein Weiser zu sein, verstärkte sich mit dem Welterfolg des Buchs *Der Weg der weißen Wolken*. Das wachsende Interesse an asiatischer Spiritualität seit den 1960er Jahren trug dazu bei, dass das abgeschiedene Haus Govindas und Li Gotamis bei Almora zu einer Pilgerstätte für geistig Suchende aus vielen Ländern wurden, darunter Wissenschaftler, Künstler und Literaten.

GESPRÄCH AM RANDE DER TAGUNG IN VENEDIG | 1960

Die amerikanischen Dichter Allen Ginsberg (1926-1997) und Gary Snyder (geb. 1930) kamen ebenso zu ihm, wie der deutsche Komponist Peter Michael Hamel (geb. 1947) und zahlreiche weitere Kulturschaffende. Govinda vermittelte Menschen, die ihn aufsuchten, Impulse, beschränkte sich jedoch zur intensiven Belehrung auf wenige persönliche Schüler im Rahmen des von ihm gegründeten Ordens.

In den 1960er und 1970er Jahren folgten Govinda und Li Gotami internationalen Einladungen und unternahmen mehrere Vortragsreisen nach Europa, den USA, in Länder Asiens und nach Südafrika. 1968 lehrte Govinda am Esalen-Institut in Kalifornien; 1972 nahm er eine Gastprofessur an der Southern Methodist University in Dallas, Texas wahr. Die Mittel, die bei seinem Wirken außerhalb Indiens eingingen, widmete er dem Projekt der Schaffung eines kulturellen Zentrums für Tibeter in der Kumaon-Region.

Bei seinen Vortragsreisen schloss Govinda Freundschaften mit vielen Persönlichkeiten des Geisteslebens, mit denen er durch zum Teil umfangreiche Korrespondenzen Gedanken austauschte. Unter diesen finden sich der Physiker Werner Heisenberg, der Philosoph Jean Gebser, der religionsphilosophische Autor Alan Watts, der Pionier der transpersonalen Psychotherapie Roberto Assagioli und die Schriftstellerin Luise Rinser.

Nach Schlaganfällen Govindas und einer Parkinson-Erkrankung seiner Frau beschlossen beide, ihren Wohnsitz aus gesundheitlichen Gründen vom Kumaon Himalaja ins mildere Kalifornien zu verlegen. 1980 kehrte Govinda letztmals nach Indien zurück. Ab dann lebte er bis zu seinem Lebensende 1985 in Mill Valley. Hier stellte das San Francisco Zen Center, in dem Govinda regelmäßig lehrte, ihm und Li Gotami ein kleines Haus zur Verfügung. Das Zentrum hatte der japanische buddhistische Meister Shunryū Suzuki (1905-1971) gegründet, dem Govinda freundschaftlich verbunden war.

Govinda, der in den letzten Jahren zur Fortbewegung auf einen Rollstuhl angewiesen war, blieb bis zu seinem Tod aktiv. Er malte, schrieb und empfing Schüler. Zuletzt erschienen von ihm überarbeitete gesammelte Aufsätze[40] und eine umfassende Studie über das chinesische *Buch der Wandlungen*.[41] Eines der letzten Manuskripte, an denen er arbeitete, war eine Studie über die Texte des chilenischen Bildhauers Tótila Albert (1892-1967).[42]

Wenige Wochen vor seinem Tod notierte er ein einseitiges „Nachwort" auf sein Leben, das mit den Worten beginnt: „Das Werk ist vollendet, und was bleibt von diesem Leben ist bestenfalls ein Epilog und eine Vorbereitung auf die große Verwandlung. Ich möchte die Zeit nutzen, um wieder zu meinen Farben, zur Malerei zurückzukehren, und um noch einmal die ganze Schönheit der Welt einzufangen und mir innerlich einzuverleiben – sodaß ich (als Künstler) wiedergeboren werde: als ein Mensch mit offenen Augen und offenem Herzen, als ein mit allen Sinnen der Seele empfindender und Mitfühlender. Ein solcher wird überall seine Religion, seinen inneren Weg wiederfinden, gleichgültig wo und unter welchen äußeren Umständen oder Formen."[43]

Michael von Brück schreibt über den späten Govinda: „In seinen letzten Jahren hat er sich, angeregt auch durch Teilhard de Chardin und Jean Gebser, einem alle Religionen transzendierenden Weisheitsideal genähert und war selbst die Verkörperung eines meditativ-aktiven Lebens im post-modernen Zeitalter. Er war am Dialog mit christlichen Partnern ebenso interessiert wie an einer geistig-moralischen Erneuerung in der technokratischen Welt."[44]

Govinda war ein unermüdlicher Arbeiter, der neben den vielen zu Lebzeiten publizierten Büchern und Artikeln hunderte unveröffentlichte Manuskripte hinterließ. Darunter finden sich neben Arbeiten zum Buddhismus, Reisereflexionen und lyrischen Texten auch Drehbücher für Filme. Li Gotami war es ein Anliegen, dass die literarischen, bildnerischen und anderen Werke ihres

Mit Shunryū Suzuki in Kalifornien

Mannes bewahrt werden und der interessierten Öffentlichkeit zugänglich sind. Darum inspirierte und ermöglichte Sie vor ihrem Tod 1988 die Gründung der Lama und Li Gotami Govinda Stiftung, der die Verwaltung von Govindas Erbe anvertraut ist.

1 Vgl. dazu den Beitrag von Ram Chandra Tandan: „Anāgārika Govinda als Künstler," S. 45-70

2 Dagmar Kuhn: „Die heilsame Wirkung des heiligen Wortes." In: Dimitrios Ambatielos, Dagmar Neuland-Kitzerow, Karoline Noack (Hg.): *Medizin im kulturellen Vergleich. Die Kulturen der Medizin.* Münster, New York, München, Berlin 1997, S. 215-244, hier S. 223

3 Navnit Parekh: *Himalayan Memoirs.* Bombay 1986, S. 90

4 Zum Beispiel *South African Journal of Philosophy*, Vol. 2, 1983, S. 52

5 Lama Anagarika Govinda: *Schöpferische Meditation und multidimensionales Bewusstsein.* Freiburg im Breisgau ³1988, S. 223

6 Zitiert nach Nagendra Kumar Singh: *International Encyclopaedia of Buddhism.* Vol. 65: *Tibet.* New Delhi 1999, S. 230.

7 Lama Anagarika Govinda: *Der Weg der weißen Wolken. Erlebnisse eines buddhistischen Pilgers in Tibet.* Zürich 1969, S. 120-121

8 Ernst Hoffmann: *Die Grundgedanken des Buddhismus und ihr Verhältnis zur Gottesidee.* Leipzig 1920

9 Govinda, *Weg*, S. 121

10 Ernst Hoffmann, *Grundgedanken*, S. 19

11 Hermann Thiersch: „Bericht über eine Reise nach Malta, Sizilien und Sardinien." In: *Nachrichten der Gesellschaft der Wissenschaften zu Göttingen.* Geschäftliche Mitteilungen 1925/26 zitiert nach dem Sonderdruck des Autors, S. 21

12 Brahmacari Govinda: *Abhidhammattha Sangaha. Ein Compendium buddhistischer Philosophie und Psychologie.* München-Neubiberg 1931

13 Ernst Lothar Hoffmann: „Die Praxis der Meditation." MS Capri 1920; hier zitiert nach dem Neudruck in *Der Kreis* 266 (Ausgabe 1/2010), S. 4-8, hier S. 7

14 Ernst Lothar Hoffmann: *Rhythmische Aphorismen.* Dresden 1927

15 Ernst L. Hoffmann: *Gedanken und Gesichte.* Dresden 1928 [unpaginiert]

16 Anagarika Brahmacari Govinda: *Art and Meditation. An Introduction and twelve Abstract Paintings.* Allahabad 1936, S. 32

17 David L. McMahan (*The Making of Buddhist Modernism.* Oxford, New York 2008, S.

Beim Vortrag

136) sieht Govindas Ansichten über abstrakte Kunst in deutlicher Abhängigkeit von Wassily Kandinsky. Bei Govinda selbst fanden sich im veröffentlichten Werk und Nachlass bislang keine Belege einer Auseinandersetzung mit Kandinsky.

18 Vgl. dazu Govinda, *Weg*, S. 418-421

19 Zu Anton Gueth s. Hellmuth Hecker (Hg): *Der erste deutsche Bhikkhu. Das bewegte Leben des Nyanatiloka (1878-1957)*. (Universität Konstanz, Forschungsprojekt Buddhistischer Modernismus, Band 10). Konstanz 1995.

20 Govinda, *Weg*, S. 200-207

21 Govinda *Weg*, S. 63

22 Anagarika B. Govinda: *Some Aspects of Stupa Symbolism*. Allahabad, London 1940

23 Anagarika B. Govinda: *The Psychological Attitude of Early Buddhist Philosophy and its Systematic Representation According to Abhidhamma Tradition. Readership Lectures*. Patna University 1936-37

24 *Guide through the Govinda Hall of the Allahabad Municapal Museum*. Allahabad 1940

25 Vgl. dazu Volker Zotz: „'Bleibt Philosophen, solange ihr es wollt!' Die Anfänge des Ārya Maitreya Maṇḍala in Europa." In: Derselbe (Hg.): *Schnittstellen. Buddhistische Begegnungen mit Schamanismus und westlicher Kultur*. Koerich 2013, S. 153-178

26 Peter Michel: *Die Großen Wegweiser: Lama Anagarika Govinda*. Grafing 1999, S. 37

27 Die Gegnerschaft zum Nationalsozialismus erweist die im Archiv der Lama und Li Gotami Govinda Stiftung erhaltene Korrespondenz. Vgl. dazu auch Volker Zotz: *Auf den glückseligen Inseln. Buddhismus in der deutschen Kultur*. Berlin 2000, S. 193-201

28 Vgl. dazu Birgit Zotz: „Anagarika Govinda und Chan-Meister Taixu." In: *Der Kreis* 274 (Oktober 2015), S. 13-25

29 „Kidnapped from my home in the early morning." Kalenderbuch Govindas 1940 im Archiv der Lama und Li Gotami Govinda Stiftung

30 „[…] a very clever, intelligent person of mysterious habits and behaviour" – „every effort is being made to have his movements and activities in India watched." Eine Kopie des Dokuments aus New Delhi befindet sich im Archiv der Lama und Li Gotami Govinda Stiftung.

31 Die Jahre der Internierung sind durch zahlreiche Briefe im Archiv der Lama und Li Gotami Govinda Stiftung sehr gut dokumentiert.

32 Siegmund Feniger (1901-1994) trug den Ordensnamen Nyanaponika. Über ihn vgl. Hellmuth Hecker: „Biographische Skizze." In: *Des Geistes Gleichmass. Festschrift zum 75. Geburtstag des Ehrwürdigen Nyānaponika Mahāthera*. Konstanz 1976, S. 11-16

33 Govinda, *Weg*, S. 242

34 Li Gotami Govinda: *Tibet in Pictures*. Volume 1: *Expedition to Central Tibet*. Berkeley 1979; Volume 2: *Expedition to Western Tibet*. Berkeley 1979

35 Lama Anagarika Govinda: *Grundlagen tibetischer Mystik*. Zürich 1956

36 Lama Anagarika Govinda: *Schöpferische Meditation und multidimensionales Bewusstsein.* Freiburg im Breisgau 1977

37 *Mitteilungsblatt der Buddhistischen Gesellschaft Hamburg*, Nr. 7/8, Juli/August 1960

38 Karl Jehring, in: *Der Kreis* 30 (November/Dezember 1960)

39 Gurdun Breckwoldt, in: *Der Kreis* 30 (November/Dezember 1960)

40 Lama Anagarika Govinda: *Buddhistische Reflexionen. Über die Bedeutung des Buddhismus für den Westen.* Bern, München, Wien 1983

41 Lama Anagarika Govinda: *The Inner Structure of the I Ching. The Book of Transformations.* San Francisco 1981. Deutsch: *Die innere Struktur des I Ging. Das Buch der Wandlungen.* Freiburg im Breisgau 1983

42 Tótila Albert: *Merkwürdige Sachen.* Ausgewählt und eingeleitet von Lama Anagarika Govinda. München 2016

43 „Nachwort", Manuskript im Archiv der Lama und Li Gotami Govinda Stiftung.

44 Michael von Brück und Whalen Lai: *Buddhismus und Christentum: Geschichte, Konfrontation, Dialog.* München ²2000, S. 209

„Anagarika Govindas Kunst besitzt ihre eigene Individualität. Seine Landschaften sind nicht bloss malerische Orte, sondern lebendige Wesen, pochend von Vitalität und metaphysischer Bewegung, und diese Qualität findet sich in allen seinen Gemälden von seinen ‚Abstrakten‘ bis zu Porträts tibetischer Heiliger. Wie Meditation und innere Impulse seine Kunst inspirieren, ist unübersehbar.“

Pandit Brij Mohan Vyas, Allahabad 1940

Ram Chandra Tandan

ANĀGĀRIKA GOVINDA ALS KÜNSTLER
EINE INDISCHE PERSPEKTIVE

ERSTES ECHO IN INDIEN - 1928 BIS 1940

Als Anāgārika Govinda 1928 aus Europa kommend in Ceylon eintraf, hieß er noch Ernst Lothar Hoffmann. Doch bald nach seiner Ankunft wechselte er mit der Lebensform auch den Namen. Er nannte sich jetzt Anāgārika, was „Hausloser" heißt und einen Menschen bezeichnet, der sich an keinen Ort bindet. Diese Freiheit von Bindungen an einen bestimmten Platz in dieser Welt zeigte sich deutlich in seiner Kunst, mit der ihr Schöpfer seinen äußeren und inneren Weg durch die Kontinente Europa, Afrika und Asien illustrierte.

Die erste indische Ausstellung von Gemälden Anāgārika Govindas fand 1934 unter der Schirmherrschaft der *Indian Society of Oriental Art* in Kalkutta statt, gefördert von Abanindranath Tagore.[1] Dies gab den an Kunst interessierten Kreisen in Bengalen und darüber hinaus die Gelegenheit die Arbeit eines Malers kennenzulernen, dessen bereits beachtliche Leistungen berechtigte

Hoffnungen auf ein kommendes bedeutendes Werk weckten. Rabindranath Thakur (Tagore), der Literatur-Nobelpreisträger von 1913, schrieb anlässlich dieser Ausstellung über Anāgārika Govinda: „Obwohl ein gründlicher Gelehrter buddhistischer Altertümer ist er gleichwohl immer offen für die Schönheit ringsum, und einige seiner Bilder legen Zeugnis von seinem innigen Umgang mit der Natur ab. Er hat einen kräftigen Stil und starke Vorstellungskraft."

Ein bedeutender Künstler wie Nandalal Bose stellte damals fest: „Seine Bilder atmen eine Atmosphäre der Einfachheit und Stille, obwohl sie voller Bewegung und Farbe sind. Sie sind scharf wie Schnitzereien und wohl ausgewogen wie gelungene architektonische Werke."[2]

Anfang 1936 gab es zwei weitere Ausstellungen der Gemälde Anāgārika Govindas, eine in Allahabad unter Schirmherrschaft des Roerich Centre of Art and Culture, die andere in der staatlichen Schule für Kunst und Kunsthandwerk in Lucknow. Beide erregten beträchtliches Aufsehen, denn das Publikum und die Kritiker verstanden, dass sie es mit einem Künstler zu tun hatten, dessen Werk weit über sein handwerkliches Können hinaus wegen einer ambitionierten geistigen Zielrichtung Beachtung verdiente.

Allerdings forderte Govindas Kunst ihre Betrachter in Indien bereits aus formalen Gründen heraus, hob sich doch ihr eigener Charakter vom Schaffen der zeitgenössischen indischen Künstler ab, mit denen das Publikum vertraut war. Der besondere Charakter gründete in der Stärke und der Leidenschaft einer ebenso sicheren wie unverwechselbaren Farbgebung. Dies war auch der Tenor des landesweiten Echos, als einige Gemälde Govindas 1936 und 1937 in der offiziellen Kunstausstellung der United Provinces of Agra and Oudh[3] gezeigt wurden.

Im November 1938 veranstaltete die Indian Society of Oriental Art in Kalkutta eine weitere Ausstellung des Anāgārika. Sir Edward Benthall[4] hielt die

Eröffnungsrede, in der er auf Govindas ungewöhnliche Biografie, seine tiefe Liebe zu Indien und seine Hinwendung zum Buddhismus als einer Religion der Stille einging: „Der Anāgārika hat Indien eine große Anerkennung erwiesen, indem er sich in diesem Land niederließ, und Indien bereitete ihm ein großartiges Willkommen, wie es dies mit allen Intellektuellen tut. Das Leben des Anāgārika war ein außergewöhnliches. Er konnte seinen Traum im Leben verwirklichen. Abgesehen vom religiösen Empfinden und tiefen Ernst, der in allen seinen Gemälden zum Ausdruck kommt, wird daraus auch die Stille der Religion klar, die er angenommen hat. Die Welt ist sein Tempel, und er hat die Welt vor uns gestellt."

Im selben Jahr 1938 wurde Govinda die Staatsangehörigkeit Britisch-Indiens verliehen. Der Hauslose, dessen Tempel die ganze Erde war, fand in der Weite der geistigen Welt Indiens seinen Platz.

Im Februar 1939 organisierte der gesamtindische Kunstausschuss des nationalen Frauenrats eine Ausstellung der Gemälde des Anāgārika in New Delhi. Diese wurde von einem großen Freund der Kunst Govindas eröffnet, Sir Maurice Gwyer, Richter am obersten Gerichtshof Indiens und Vizekanzler der Universität von Delhi.[5] Mit starkem Interesse verfolgte die Vizekönigin Indiens, die Marquise von Linlithgow, Govindas bildnerisches Werk.[6] Sie erwarb in der Ausstellung von 1939 das Bild *Die Moschee von Sidi Amourabed* aus der afrikanischen Schaffensphase des Anāgārika.

Insgesamt stellte der Künstler in Indien bis 1940 etwa zweihundert Bilder aus, die er meist in Pastell und Kohle ausführte, gelegentlich auch als Aquarelle. Das Schaffen Govindas lässt sich in geografischer Hinsicht in Gruppen einteilen, nach denen sie durch ihre Motive jeweils Italien, Nord Afrika, Indien einschließlich Ceylon und Birma sowie Tibet zugeordnet werden können. Die tibetische Gruppe umfasst zudem Bilder mit buddhistischen Motiven, die man

via krupp | Capri | Pastell 37,5x52,2cm

als eine eigene Abteilung des Werks klassifizieren kann. Eine weitere Gruppe ganz eigener Art bilden Gemälde, die sich nicht unmittelbar einer Region zuordnen lassen und die der Künstler als *abstrakt* bezeichnet. Obwohl nicht zu leugnen ist, dass jedes der malerischen Werke Govindas durch seinen hohen Grad an kreativer und geistiger Verwirklichung seinen besonderen Reiz auf den Betrachter ausüben kann, sollen nachfolgend einige Bilder aus den genannten Gruppen hervorgehoben werden, die dem Verfasser als typisch für die künstlerische Arbeit des Anāgārika erscheinen.

DIE ITALIENISCHE PHASE

Ernst Lothar Hofmann hielt sich zwischen 1920 und 1928 meist auf der Insel Capri auf, von wo er den gesamten mediterranen Raum erkundete. So verbachte er lange Perioden auf Sardinien und in Nordafrika. Intensiv erforschte er prähistorische Architekturen der Inseln und der Küstenregionen des Mittelmeers. Neben seinen wissenschaftlichen Studien gehörte ein großer Teil seiner Zeit der Malerei, um seinen inneren Erfahrungen mit den jeweiligen Aufenthaltsorten auch ihren künstlerischen Ausdruck zu verleihen.

Unter den Gemälden der italienischen Gruppe stechen eindrucksvoll *Via Krupp* (Abb. S. 48) und das verwandte Bild *Monte Solaro* hervor, das sich der höchsten Erhebung auf Capri widmet. Der Künstler führt den Blick des Betrachters unter sommerlicher Sonne vom Berg über den blauen Ozean bis zum weiten Horizont. Der fast 600 Meter hohe Monte Solaro erhebt sich in warmem Ocker und Grün über dem Meer. Erlebte der Maler seine geliebte Mittelmeerinsel hier in der Helligkeit des Tages, ließ er sie in einem anderen Bild, *Mondlicht auf Capri*, bei Nacht erscheinen, indem er die Wirkung des leuchtenden Mondes äußerst subtil auf den Malgrund übertrug.

Für Govinda erschöpfte sich die Wirklichkeit nicht in ihren sichtbaren Tages- und Nachtseiten, die sich im Kontrast von Licht und Dunkelheit zeigen. Immer suchte der Künstler darüber hinaus nach der verborgenen Innenseite der Dinge, ihrer tieferen Realität. Das zeigt ein anderes auf Capri entstandenes Bild, das den Titel *Höhle* trägt. Der Betrachter späht mit dem Künstler aus einer Felsenhöhle aufs blaue Meer hinaus. Dieses Werk ist eng mit den Meditationen des Künstlers verbunden, denn dieser zog sich oft ins Innere dieses Felsens zurück, als er nach Anleitungen des buddhistischen Textes *Satipaṭṭhānasutta* in stiller Betrachtung weilte. Sein Blick fiel hier aus dem Innenraum der Wirklichkeit auf die Außenwelt, aus der Tiefe auf die Oberfläche.

Für Govindas Kohlezeichnungen jener Schaffensphase erscheinen die Bilder *Positano* und *Das Tal der Toten* als beachtliche Beispiele. Im kleinen Fischerort Positano an der Amalfiküste malte Govinda die Chiesa Nuova, eine sarazenisch wirkende Kirche mit den sie auf einer Anhöhe umgebenden Häusern. In *Das Tal der Toten* drängt sich dagegen eine Häusergruppe an den Abhang einer Schlucht. In diesen – wie überhaupt in einem großen Teil der Arbeiten Govindas – wurden plastische Eigenschaften der Vorbilder treu umgesetzt. Hierin zeigt sich mit der Bedeutung, die der Architektur in der Malerei Govindas zukommt, auch die Berechtigung der oben zitierten Feststellung von Nandalal Bose, der Govindas Kunst gelungenen architektonischen Werken verglich.

AFRIKANISCHE IMPRESSIONEN

In den Oasen der Wüste Sahara wie in arabischen Städten und Dörfern begegnete Govinda den tiefen mystischen Dimensionen des Islam, die er gründlich auf sich wirken ließ, um sie in Gedichten und Bildern zu verarbeiten. Zu seinen Gesprächen mit Gläubigen und dem Eindruck ihrer religiösen Handlun-

Moschee Kairouan | Tunesien | Pastell 30,6x22cm

gen waren es wiederum religiöse Bauwerke wie eine Moschee in Kairouan (Abb. S. 50), die seine Aufmerksamkeit anzogen.

Darum beherrscht die Übertragung architektonischer Wirkungen auf den Malgrund viele in Afrika entstandene Gemälde des Künstlers. Govinda gelang es regelmäßig, seine Motive aus der Baukunst derart in die umgebenden Landschaften einzubetten, dass sie als deren organische Aspekte erscheinen. Nicht nur den Gegebenheiten der Orte trug er auf diese Weise Rechnung, sondern auch jenen des Augenblicks, indem er verschiedene Stimmungen bei Tag und bei Nacht brillant umzusetzen verstand.

Als Beispiele gelungener Studien von Ensembles nordafrikanischer Architektur lassen sich die Bilder *Abend in Kairouan* sowie *Dächer und Minarette* anführen. Herausragend unter diesen Werken ist ein Gemälde von tief spirituellem Charakter, das ein einsames *Arabisches Heiligtum* zeigt. Das verdichtete Gefühl des Künstlers floss in dieses Werk, in dem sich melodisch das Geheimnis einer Oase in der Sahara ausspricht, welche die mystischen Qualitäten des islamischen Geistes offenbart. Ein leuchtender grüner Himmel im Nachschein des Abends verleiht der Gestalt des Gebäudes und den Palmen der Umgebung einen Charakter von Schattenrissen.

Immer wieder und durch alle Phasen seines Schaffens interessierten den Künstler Bauwerke als Motive, um den Geist von Orten und die Haltungen der an ihnen lebenden Menschen symbolisch auszudrücken. In diesem Sinn sagte Govinda: „Architektur scheint mir der präziseste und charakteristischste Ausdruck der menschlichen Kultur zu sein. Die Architektur bringt die Seele eines Landes, einer Religion, sogar einer ganzen Lebensart in eine abstrakte und dabei höchst aussagekräftige Form."

Vulkan heißt ein weiteres Bild der afrikanischen Gruppe, in dem der Maler die Wirkung der Natur auf den Menschen durch die Gestaltung der Wohngebäude verdeutlicht. Die kraftvoll rot-violette Kuppel eines Bergs, gesetzt gegen einen Himmel in Veronesegrün, dominiert erhaben eine Gruppe kleiner arabischer Häuser, deren gewölbte Dächer die geschwungene Haube des glühenden Vulkans rhythmisch wiederholen.

INDIENS TEMPEL UND DÖRFER

Auch in Govindas indischen Werken kommt seiner Beschäftigung mit Architektur eine zentrale Bedeutung zu. Im Gemälde *Brahmakund* zeigte er am Beispiel eines Tempels in Rajgir mit seinem unmittelbaren Umfeld, wie Indiens religiöses Leben den konkreten Bedürfnissen und Notwendigkeiten der Menschen entspringt. Weil Tempel für den Hindu keine vom Alltag getrennten Stätten sind, gehen in Govindas Bild die Stadt und das Heiligtum direkt ineinander über. Der Sakralbau bleibt mit allen Verästelungen des weltlichen Lebens innig verbunden. Hinter dem Tempel deutet der Künstler in grüner Farbe die Natur an. Obwohl das Heiligtum das ganze profane Leben aufnimmt und in sich birgt, führt es Menschen, die es betreten, doch weit über die Welt hinaus in die Reinheit der Natur und zu deren göttlichen Ursprung.

Govinda brachte zum Ausdruck, dass solche Tempel frei wie Bäume um den Kern eines ursprünglichen Schreins wachsen. Ungezählte Gebäude schließen ohne vorgefassten Plan aneinander an, wobei sie dem organischen Instinkt der Natur folgen, der die langweilige Akribie berechneter Maße meidet.

Das Bild *Hindu-Tempel im Himalaja* zeigt gleichfalls eine ebenso einmütige wie harmonische Verbindung von Natur und Architektur. Govinda lässt den von ihm dargestellten Sakralbau die Seele der Landschaft verkörpern. Ein dunkelgrüner Berg ragt in einen lichtblauen Himmel mit dünnen Schichten weißlicher Dampfschwaden empor. In sanft geschwungenen Hängen klaffen Abgründe steiler Felsen in zartem Ocker und gräulichem Violett. Letztere Farbe wiederholt sich in einem tieferen Ton in den Bauten der Tempel, die gegen einen rot-braunen Abhang in der Bildmitte stehen. Terrassen im Vordergrund zeigen dunkelbraune Wände und hellbraune und grüne Oberflächen.

Das Werk *Bengalisches Dorf* präsentiert eine typische Siedlung im Umkreis von Śāntiniketan, wo Govinda an der von Rabindranath Thakur gegründeten Universität seine bekannten Vorlesungen über die buddhistische Architektur des Stūpa hielt. Mit der Darstellung des Dorfs erzielte der Künstler eine besondere plastische Wirkung, die wiederum offenbart, wie ihn architektonische Formen als Parallelen zu vegetativen Phänomenen faszinieren.

In den 1930er Jahren schuf Govinda bemerkenswerte Gemälde mit Motiven rund um den kleinen Ort Ghoom im Distrikt Darjeeling. Hier, in der Himalaja-Region im Norden des Staates Bengalen, verbrachte der Künstler bis 1940 die heißen Sommermonate und fand zu einem neuen Umgang mit der Farbe Grün, die er jetzt in allen Schattierungen und Kombinationen gebrauchte, etwa in *Ziegelbrennerei bei Rajgir* (Abb. S. 55). In früheren Werken setzte Govinda das Grün sehr spärlich ein, denn diese Farbe zog ihn nach eigenem Bekenntnis am wenigsten an. Sicher nicht nur durch Zufall ergab es sich, dass er oft an Orten mit karger Vegetation lebte und arbeitete. Ceylon mit seiner tropischen Vegetation, wo er von 1928 bis 1931 lebte, bildet eine bemerkenswerte Ausnahme. Tatsächlich schuf er auf dieser grünen Insel nur wenige Bilder.

TIBET IM SPIEGEL GOVINDAS

Viele Menschen beeindrucken besonders die im tibetischen Kulturraum entstandenen Bilder Govindas, die ein weites Spektrum an Motiven umfassen. Über Landschaften und Architektur hinaus, begegnen wir Gestalten von Bud-

Ziegelbrennerei bei Rajgir | Indien | Pastell 30,5x39cm

dhas und Bodhisattvas. Lange wanderte der Künstler durch Tibets Westen, um den Menschen und der Natur nahezukommen. Schon bei der ersten Begegnung erschien ihm die Sphäre Tibets verschieden von allem, was er zuvor kannte:

„Dieses Land des Geheimnisses unterschied sich von anderen Teilen der Welt durch seine Höhe, die Reinheit seiner dünnen Luft, das Leuchten seiner Farben, die Dunkelheit seines Himmels, und sogar durch eine andere Art des Bewusstseins, das von Gesetzen hervorgebracht und beherrscht wird, die schon mehr von kosmischer als individueller Ordnung sind."

1931 empfing Govinda in einem tibetischen Tempel im Norden Indiens die Initiation durch Ngawang Kalsang (1866-1936), einen herausragenden Lama des Gelugpa-Ordens, dessen spirituelle Verwirklichung überall in Tibet gerühmt wurde. So war der Künstler gut auf das Erleben des geistigen und physischen Umfelds des Landes vorbereitet. Govindas tibetische Gemälde vermitteln das Empfinden, dass er mit der zuverlässigen Wiedergabe des Charakters der Landschaft die besondere seelische Atmosphäre einfängt, die diese einsamen Regionen erfüllt.

Das Bild *See mit Weidegrund* zeigt kahle, unwirtliche Berge, das dunkelblaue Wasser eines ruhigen Sees und im Vordergrund einen stillen grünen Ort. Hier, in einer Höhe von über 4.000 Metern, muss dem Künstler die Natur in ihrer unverhüllten Herrlichkeit erschienen sein. Govinda sagte darüber: „Organisches Leben ist auf ein Minimum reduziert und spielt keine Rolle in der Gestaltung und dem Ausdruck einer Landschaft, die selbst als organischer Ausdruck irdischer Urkräfte bezeichnet werden kann. Es gibt keine sichtbare Pflanzenwelt, weder Bäume noch Grasland, außer an seltenen oasenartigen Flecken, an denen die Natur oder künstliche Zuleitungen das Erdreich ausreichend bewässern. Vegetationslose Berge enthüllen in weit ausschwingenden

Konturen die Grundgesetze der Gravitation, Felsen offenbaren die geologische Struktur und Eigenart ihrer Aufbaustoffe, die sich in lebhaften Farben und ausgeprägten Formen bekunden, vom hellsten Gelb und Rot ins tiefste Goldbraun und Violett. An Orten, wo Schönheit, Einsamkeit und Erhabenheit eine Atmosphäre der Ehrfurcht und religiösen Inspiration hervorrufen, finden sich Heiligtümer oder Klöster als Quellen der Kultur und Bollwerke der Zivilisation. Obwohl sie auch als Festungen gegen dem Menschen feindliche Kräfte der Natur dienen, vollenden sie doch in gewisser Weise die Natur, weil sie deren Geist zum Ausdruck bringen."

Tatsächlich scheinen sich Tibets Bauwerke aus den Felsen zu kristallisieren, wie wir zum Beispiel im Bild *Lamayuru* sehen. Das religiöse Leben in diesem für tibetische Klöster typischen Gebäude in Ladakh gleicht der Aktivität eines Bienenkorbs an einem kahlen und dennoch farbenfrohen Schauplatz. Der Bau ragt von einem gelben Felsen leuchtend gegen die Berge, die der Künstler in tiefem Violett und gebranntem Siena ausführte.

Einen Höhepunkt tibetischer Architektur präsentiert das Gemälde *Der Palast der Könige von Leh* (Abb. S. 58). Es handelt sich um einen gewaltigen Bau, der an den mächtigen Potala in Lhasa erinnert, den Palast des Dalai Lama. Govinda erzählte über sein Motiv: „Dieser Palast ist von so gewaltigen Ausmaßen, dass es sich die Angehörigen der Königsfamilie schon gar nicht mehr leisten konnten, darin zu wohnen, als ich 1933 Leh besuchte. Im Vordergrund meines Bildes sieht man einen Tor-Stūpa, durch den Reisende vor dem Betreten der Stadt hindurchgehen können, um sich von schlechten Einflüssen zu reinigen."

Das Pastell *Rote Berge und Ruinen westtibetischer Königspaläste* kombiniert architektonische Gebilde, die scheinbar der Wirklichkeit entrückten, mit einer Berglandschaft, die als gigantische Fortsetzung und Überhöhung der Bauten

Der Palast der Könige von Leh | Ladakh | Pastell 37,3x51,5cm

erscheint. Farbgebung und Formen führen den Betrachter in eine erstaunliche Traumlandschaft, die sich in der Natur manifestierte.

Pass im Himalaja heißt ein besonders kraftvolles Bild des tibetischen Zyklus. Es atmet die Frische jenes frühen Morgens, an dem sich das Motiv dem Auge des Künstlers zeigte. Aus dem Schnee ragen tiefblaue Gipfel, getränkt von einem eigenartig unirdischen Licht, das man als geradezu kosmisch bezeichnen kann. Blütenblättern gleich erheben sich die Gipfel in einen reineren blauen Himmel. Mit diesem Bild verbindet sich das Empfinden des Hinübergleitens in eine andere Welt. Der einsame Pass hoch im Bergland wird zum Symbol für den Weg in andere Sphären, den Govinda in seinen Meditationen beschritt.

BUDDHISTISCHE MOTIVE

Von den in Tibet entstandenen Landschafts- und Architekturgemälden, die hintergründig spirituelle Aussagen enthalten, unterscheiden sich Govindas Bilder mit unmittelbar buddhistischen Inhalten. Von diesen seien drei Werke angeführt, die zugleich das weite Spektrum der diesbezüglichen Themen Govindas zeigen. Es handelt sich um die Wiedergabe eines spirituellen Erlebnisses, die Darstellung eines Bodhisattva und eine Szene aus dem Leben einer historischen Persönlichkeit.

Das bereits durch seine Konzeption bemerkenswerte erste Beispiel ist das Aquarell *Die Vision des Schülers*. Darin erscheint in einem Stūpa, einem von den Beisetzungsstätten der Asche des historischen Buddha inspirierten gewölbten Bauwerk, die Gestalt eines Buddha. Ein kniender Pilger, der ehrfürchtig mit der Stirn den Boden berührt, nimmt diesen Buddha mit dem inneren Auge wahr. Gleichzeitig erhebt sich über dem Stūpa ein Glorienschein in den Farben des Regenbogens. Auf diesem erscheint ein Bodhisattva, dessen geöffnete rechte Hand symbolisiert, dass er die Wünsche des Pilgers gewährt. Auf diese Weise wird die Hingabe, die der Verehrende dem Buddha erweist, in göttlichen Segen verwandelt und ihm wie der ganzen Welt zurückgegeben. Govinda erklärte, welche göttlichen Wesen in diesem Bild vor dem Pilger Gestalt annehmen:

„Hier manifestiert sich der Buddha Amitābha, der die Unendlichkeit des Lichts verkörpert, während auf dem Regenbogen als seine Emanation der Bodhisattva Avalokiteśvara erscheint."

Dieses Bild kann als Ausdruck dafür stehen, wie in Govindas Verständnis jede sakrale Architektur, in diesem Fall jene des buddhistischen Stūpa, ein inneres Leben besitzt, das sich dem erschließt, der nicht nur mit dem äußeren Auge sieht, sondern zugleich mit der Seele wahrnimmt. Ob Govinda in Italien Kirchen, in Nordafrika Moscheen, in Indien Hindu-Tempel oder in Tibet buddhistische Klöster malte, wir können davon ausgehen, dass sich ihm über die bloße Form hinaus der tiefe Geist dessen erschloss, dem die Bauwerke dienten.

Im Bild mit dem Titel *Kurukulla* hielt sich der Künstler bewusst an Tibets traditionellen Stil, wobei er besonders tiefe rote Farbtöne einsetzte. Der tantrische Buddhismus kennt Kurukulla als weiblichen Bodhisattva und kraftvolle Göttin, die unerschrocken gegen die Mächte der Finsternis kämpft und jenen, die sich ihr zuwenden, in Gefahren beisteht. Diese ehrfurchtgebietende Gestalt erscheint mit ihrer Girlande um den Hals wie eine buddhistische Variante der Hindu-Göttin Kālī, die man für die sichere Erneuerung verehrt, die jeder Zerstörung folgt.

Für Govinda, der sich in Nordindien und Tibet dem tantrischen Buddhismus zuwandte und zudem stark von der Hindu-Kultur inspirieren ließ, war es selbstverständlich, dass sich Göttliches in weiblicher Form manifestiert. Er stand in der uralten Linie der Mutterkulte und Hinwendung zu den in Indien seit frühester Zeit verehrten Göttinnen, die physische und geistige Fruchtbarkeit und Weisheit gewähren.

Als drittes Bild der Werkgruppe mit buddhistischen Motiven sei *Milarepa* genannt, eine Darstellung des gleichnamigen tibetischen Heiligen und Dichters. Diese an der Schwelle des 11. zum 12. Jahrhundert lebende Persönlichkeit faszinierte Govinda unter den Gestalten der Geschichte des Buddhismus stets besonders. Wie der Künstler betonte, sah er in Milarepa keinen abgehobenen Heiligen, sondern einen fassbaren warmherzigen Menschen mit überfließender Seele, dessen charakterliche Qualitäten durch ein von dramatischen Ereignissen geprägtes Leben zur göttlichen Verwirklichung reiften. Govindas Gemälde illustriert einen Augenblick, in dem der Heilige vor Zuhörern, die er nicht wahrnimmt, Dichtungen singt, die in tiefer Begeisterung spontan in ihm entstehen.

GOVINDA ALS ABSTRAKTER MALER

Schließlich ist auf jene Gemälde einzugehen, die der Künstler als abstrakt bezeichnete. Die frühesten dieser Bilder, die beim indischen wie europäischen Publikum nicht immer sofort auf Verständnis stießen, entstanden in der Phase der italienischen Gruppe, also zwischen 1920 und 1928. Erfahrungen Govindas in Indien und Tibet führten später zur Realisierung weiterer abstrakter Werke.

In seinen Darstellungen von Landschaften, Architektur und Gestalten hatte der Künstler stets konkrete Formen und Muster vor Augen, deren Vorbild seine Darstellung in der einen oder anderen Weise folgte. Die subjektive Qualität der Umsetzung trat hier als ein zusätzlicher Aspekt zur objektiven Vorgabe.

Durchbruch | Pastell   Befreiung | Pastell

Beim Entstehen der abstrakten Gemälde änderte sich diese Reihenfolge. Innere Erfahrungen, die ihrer Natur gemäß formlos sind, fing der Künstler in den Grenzen von Strich und Farbe ein. Die objektive Form trat als sekundärer Aspekt zur ursprünglichen subjektiven Schau.

Wahrscheinlich stellte sich Govinda mit seinen abstrakten Gemälden wie *Durchbruch* und *Befreiung* (Abb. S. 62), die ein gestaltloses seelischen Erleben in klar sichtbaren Umrissen, Schattierungen und Kolorierungen ausdrücken und deuten, einer der schwierigsten Aufgaben, die eine Interpretation leisten kann. Asit Kumar Haldar[7] schrieb diesbezüglich im Hinblick auf Govindas Werke:

„Über abstrakte Kunst kann ich sagen, dass ein Künstler nicht damit aufhören kann, Formen zu schaffen, sogar wenn er mit Erfahrungen konfrontiert ist, die weit über die Sphäre des Sichtbaren hinausgehen. Er kommt dann manchmal dazu, mit seinem Pinsel rhythmische Formen in Farbe und Konturen zu erfinden, die nicht nur ansprechend sind, sondern auch etwas vom Geschmack des kosmischen Spiels vermitteln. Govindas abstrakte Werke zeigen, dass er die Vision eines Künstlers hat und auch eines Sehers, was eine sehr seltene Verbindung ist."

Die bekanntesten abstrakten Gemälde Govindas geben Stufen der Meditation wieder, die zugleich Phasen der kosmischen Entfaltung sind. Diese Bilder, in denen der Künstler das Farbspektrum zum subjektiven Wert der Erfahrung in Beziehung setzt, lassen sich nicht erschöpfend erklären. Vielmehr muss der Betrachter sie im meditativen Nachvollzug in sich aufnehmen, um sie im eigenen Erleben zu entschlüsseln.

Der bedeutende Förderer der Kultur in Südindien und Kunstberater der Regierung von Travancore[8] James Henry Cousins[9] schrieb über diese Bilder in einer seiner Kritiken:

„Dass die Erarbeitung einer abstrakten Kunst durch Anāgārika Govinda keine reine Phantastik und keine verantwortungslose Einbildung ist, werden jene zugestehen, denke ich, die wie der Kritiker lange und tief den Übereinstimmungen nachgrübelten, die in allen Phasen des Lebens auftreten, was auf eine Synthese der Grundlagen weist. Die Zahl der echten Liebhaber abstrakter Kunst wird im Lauf der Zeit und umso schneller zunehmen, wenn die indische Kunst mit ihrer meditativen Basis und Absicht in eine künftige Bildung in Indien fest eingegliedert wird."

Ein abstraktes Bild Govindas trägt den Titel *Berg Meru mit Weltenbaum* (Abb. S. 65). Es ist für indische Betrachter von besonderem Interesse, wird darin doch ein wesentlicher Aspekt der Hindu-Lehre von einem Europäer umgesetzt, der Indien zur Sphäre seines Wirkens wählte und indisches Denken höchst verständnisvoll auslegte. Der Berg Meru gilt der indischen Überlieferung als die Mitte des Universums und Wohnsitz von Gottheiten. Sonne, Mond und andere Himmelskörper umkreisen ihn, wodurch der Wechsel von Tag und Nacht wie jener der Jahreszeiten dem Leben der Menschen seinen Rhythmus verleiht.

Govindas Gemälde verkörpert den Berg Meru in seinen essentiellen Qualitäten, die zugleich statisch und dynamisch, anorganisch und organisch sind. Eine säulenförmige Gestalt repräsentiert Meru in seinem statischen Aspekt. Er ist die unbewegte Weltachse, um die sich alles drehen kann. *Kalpavṛkṣa*, der wunschgewährende Baum, zeigt die dynamischen Kräfte, die vom Zentrum der Welt ausgehen.

In seinem Buch *Art and Meditation* (1936) erklärte Govinda, was ihn zu diesem Bild inspirierte: „Vor der Höhle, in der ich oft zu meditieren pflegte, erhob sich ein einsamer Felsen. Zu seinen Füßen wuchs auf einem sanft gerundeten Hügel ein Baum, dessen Äste von einem würdig gebogenen Stamm in rhyth-

Berg Meru mit Weltenbaum | 1922 | Kohle 27,4x37,5xcm

mischen Kurven ausgestreckt waren wie die Arme eines tanzenden Shiva. Die unbewegte Stille des Felsens, der wie eine kristalline Säule das Zentrum der Berglandschaft vor mir bildete, war eigentümlich mit dem freudig tanzenden Baum kontrastiert." Nachdem er ungezählte Male den Felsen mit dem Baum wahrgenommen hatte, erkannte er, welche Bedeutung sie für ihn besaßen: „Ich hatte eine Vision der Seele Indiens wiederentdeckt, die in diesem Augenblick meine eigene wurde, die Vision des *Berges Meru* mit dem magischen Weltenbaum, der das Zentrum des Universums bildet, in dem die polaren Kräfte der Stabilität und Bewegung, welche die Welt gestalten und erhalten, in ihren konzentriertesten und wesentlichsten Aspekten vereint sind."

Ein weiteres Bild der abstrakten Gruppe mit dem Titel *Sieg des Lichts* erinnert wiederum an Erfahrungen des Künstlers, als er den Himalaja überquerte. Am frühen Morgen erhebt sich die Sonne über den Bergen, während die Schatten der Nacht noch in den Lüften schweben, während von unten aus der Dunkelheit die Nebel aufsteigen. In der Bewegung der aufwärts strebenden und von der Macht des Lichts schließlich besiegten Nebelschwaden offenbart sich die tiefe Symbolik dieses Bildes.

DIE GOVINDA HALL

Govindas vielfältige Kunstwerke vermitteln insgesamt den Eindruck tiefer Ernsthaftigkeit und eines Streben nach hohen spirituellen Zielen durch die Malerei. Diese kontemplative Qualität wurde auch von Nandalal Bose hervorgehoben. Für ihn sind Govindas Gemälde „aus Farben und Formen komponiert, einzig um die Gefühle auszudrücken, die in einem Künstler in seinem *dhyāna* [Meditieren] nach eingehender Betrachtung der Natur aufstiegen."

Nachdem in den 1930er Jahren prominente Kunstsammler in Indien, Europa und Amerika viele Bilder Govindas erwarben, war es das Privileg des Museums von Allahabad, sich eine repräsentative Sammlung seiner Gemälde zu sichern. Eine Halle des Museums, die Govindas Namen erhielt, wurde am 28. Februar 1938 in Gegenwart bedeutender Gäste eingeweiht. Auf die von Minister Rai Rajeshwar Bali[10] gehaltene Eröffnungsrede antwortete Govinda:

„Meine Gemälde sind mit mir über drei Kontinente gewandert; sie haben mit mir das Leben eines heimatlosen Pilgers gelebt. Von den blauen Ufern des Mittelmeeres durch die brennenden Wüsten Afrikas, das grüne Paradies von Ceylon und den ewigen Schnee des Himalaja haben sie ihren Weg in das heilige Land Āryāvarta[11] gefunden. Und hier ist ihre Pilgerschaft zu einem Ende gekommen, denn sie haben eine Heimat gefunden, im spirituellen wie im materiellen Sinn, denn sie sind nicht nur in einem Tempel der Kunst unter-gebracht worden, sondern sie haben auch eine Heimat in den Herzen vieler Menschen hier gefunden. Dies ist tatsächlich die größte Freude für mich, denn ich bin überzeugt, dass es die höchste Aufgabe der Kunst ist, Hindernisse zu beseitigen, die uns voneinander entfernt halten, und uns in einer reineren und edleren Sphäre zu vereinen, in der die Bruderschaft des Geistes verwirklicht wird."

Die Govinda Hall wurde vom Künstler selbst bis ins Detail geplant, was ihr durch die wohldurchdachte Anordnung der Werke eine aussagekräftige Ein-heit schenkte. Den unteren Teil der vier Wände bedeckten eine Holztäfelung und niedrige Kästen, in denen die Pinselzeichnungen der *84 Siddhas* zur Aus-stellung kamen, klassischer tantrischer Mystiker, die Govinda als Vorbilder besonders schätzte. Die Zeichnungen folgen Steingravuren, die er in Ladakh entdeckte und dort durch Abreibungen auf Papier kopierte.

Über der Holztäfelung ließ Govinda die Wände zart mit blasser Leimfarbe ausmalen, die als Untergrund für jeweils zwei Reihen mit Pastellen dienten. Die untere Reihe bestand aus zwanzig Bildern mittlerer Größe, die auf Augenhöhe hingen. Die obere bildeten zehn große Pastelle, die Govinda speziell für die ihm gewidmete Halle schuf, um wesentliche Perioden seines Wirkens in Italien, Afrika, Indien und Tibet zu repräsentieren. Sie demonstrieren die Vielseitigkeit seiner Arbeit im künstlerischen Umsetzen von Natur, Architektur, Gestalten und abstrakten Kompositionen. Besucher wurden beim Betreten der Halle unmittelbar vom reichen Spektrum der Farben beeindruckt, das Govindas Bilder charakterisiert.

Im Zentrum der Nordwand zogen zwei eindringliche Bildnisse die Aufmerksamkeit an. Eines ließ den Betrachter aus jener großen Höhle auf Capri, in der Govinda meditierte und Inspirationen empfing, aufs weite blaue Mittelmeer schauen. Das andere Werk aus derselben Periode, *Tal der Toten*, lenkte den Blick dagegen in eine enge Schlucht. Zu beiden Seiten fanden sich Gemälde des tibetischen Zyklus, nämlich jenes des buddhistischen Heiligen Milarepa und *Das Kloster Hemis*, in dem Nachfolger seines Weges bis auf den heutigen Tag leben.

Über den Eingängen der Ost- und Westwand residierten der Siddha Tilopa, der Gründer der mystischen Schule, zu der Milarepa gehörte, und der von Govinda im traditionellen tibetischen Stil gemalte Buddha Vajrasattva. Dominierende Bilder der Südwand waren *Der heilige See*, eine tibetische Landschaft, und das zur afrikanischen Gruppe gehörende Gemälde *Vulkan*. Indien war unter anderen durch ein in der Nähe von Śāntiniketan entstandenes Bild und die *Hindu-Tempel im Himalaja* repräsentiert. Von den abstrakten Bildern nahm *Eingang zu Dantes Inferno* die rechte Seite der Ostwand ein. Unter den mittelgroßen Pastellen dominierten tibetische Motive. Eine kleinere Gruppe afrikanischer Gemälde mit meist architektonischen Motiven vermittelte die spirituelle Atmosphäre des Islam. Drei abstrakte Bilder, die Meditationserfahrungen des Künstlers ausdrücken, repräsentierten an der Südwand grundlegende Formen und Farben des Universums in ihren essentiellen Beziehungen.

Über Jahre wirkte die Govinda Hall durch ihre Vielfalt eindrucksvoll auf indische Künstler und Kunstfreunde, denn „nur das Studium einer Reihe von Schöpfungen kann den Meister gründlich würdigen," wie Nicholas Roerich[12] anlässlich ihrer Einweihung feststellte.

FAZIT

Als Künstler, Gelehrter, Dichter, Reisender und Vortragender verschrieb sich Govinda dem Ziel, Kunst und spirituelles Leben miteinander zu verschmelzen. „Ich halte es für eine wesentliche Aufgabe," sagte er, „einen neuen Typus des spirituellen Menschen hervorzubringen, der nicht der Welt den Rücken kehrt, sondern ihre Schönheit erkennt und annimmt, um sie zunehmend mit dem Licht der Wahrheit und Harmonie zu durchdringen. Dieser spirituelle Mensch flieht auf der Suche nach dem Geist nicht die Welt, sondern gibt sich ihr hin, indem er das weite Universum zu seiner Heimat und die große Menschheit zu seiner Familie macht. Auf diese Weise Grenzen und Beschränkungen zu überschreiten, ist ein tiefes Anliegen der Religion wie der Kunst."

1   Abanindranath Tagore (1871-1951), bedeutender indischer Künstler der Moderne und Gründer der einflussreichen bengalischen Schule der Malerei

2   Nandalal Bose (1882-1966) war ein Pionier der indischen Malerei der Moderne.

3   Die United Provinces of Agra and Oudh entsprechen dem späteren Bundesstaat Uttar Pradeś.

4   Sir Edward Benthall (1893 - 1961), eine der führenden Persönlichkeiten im ökonomischen und politischen Leben Britisch-Indiens, setzte sich für Govindas Kunst ein.

5   Sir Maurice Linford Gwyer (1878-1952)

6   Doreen Maud Milner (1886–1965), die Ehefrau von Victor Alexander John Hope (1887–1952), Marquis of Linlithgow, der von 1936 bis 1943 Vizekönig Britisch-Indiens war.

7 Asit Kumar Haldar (1890–1964), ein Großneffe und Vertrauter Rabindranath Thakurs, gehörte zu den bedeutenden Malern der bengalischen Schule der indischen Moderne.

8 Travancore war bis November 1956 ein selbstständiges Fürstentum auf dem Gebiet des heutigen Kerala im Süden Indiens.

9 James Henry Cousins (1873–1956) war ein irischer Autor, Dramatiker und Kunstkritiker. Er lebte und arbeitete seit 1915 in Indien, das er nur für zwei Gastprofessuren in Tokyo und New York für ein Jahr verließ.

10 Rai Rajeshwar Bali (1889–1944)

11 Āryāvarta, etwa „Heimat der Edlen" ist eine alte Bezeichnung für Indiens Norden.

12 Nicholas Roerich (1874-1947), auch in Indien wirkender russischer Maler und Autor, der Govinda verbunden war.

Weg über Schlucht bei Dehradun | Indien
Pastell 37,2x49,5cm

GOVINDA 1947

Peter van Ham

ÄUSSERE ORTE – INNERES GESCHEHEN GOVINDA AUF DEM WEG DER WEISSEN WOLKEN

Im Jahre 1966 veröffentlichte Ernst Lothar Hoffmann unter seinem späteren Namen Lama Anagarika Govinda das Buch *The Way of the White Clouds – A Buddhist Pilgrim in Tibet*.[1] In den folgenden Jahren übersetzte er das Buch vom Englischen ins Deutsche und erweiterte es, sodass es 1969 auch in deutscher Sprache unter dem Titel *Der Weg der weißen Wolken – Erlebnisse eines buddhistischen Pilgers in Tibet* im Rascher-Verlag Zürich erschien.

Der Weg der weißen Wolken ist ein stark spirituell ausgerichteter Reisebericht. In ihm beschreibt Govinda primär seine Erlebnisse im geographischen Großraum des Himalaya und Tibet zwischen 1931 und 1949 unter Hinzunahme autobiographischer Rückblicke auf Ereignisse in Ceylon und Burma (1928-1930) sowie während seines Studiums in Italien (1920-28), die chronologisch vor den verschiedenen Himalaya-/Tibetreisen nach Darjeeling (1931), Ladakh (1933), Sikkim und das tibetische Chumbi-Tal (1932 und 1938), Süd- und Zentraltibet (1947/48) und Westtibet (1948/49) liegen. Letztere strukturieren

Govindas Buch in fünf Abschnitte, wobei der Autor, je nach textlicher Notwendigkeit auch aus Lokalitäten berichtet, die schwerpunktmäßig eher in einem der anderen Großabschnitte behandelt werden. So finden sich Episoden und Berichte sowohl aus Zentraltibet, Sikkim und dem heutigen Himachal Pradesh (Shimla-Berge), was in Bezug auf Govindas Buch eher zu Westtibet gerechnet werden kann, im primär Ladakh gewidmeten Teil II. Im dritten Teil, der im Wesentlichen in Sikkim spielt, lässt Govinda Episoden aus seiner Zeit als Novize in Burma sowie aus seiner Zeit auf Capri einfließen.

DAS PERSÖNLICHE ALS TOR ZUM ALLGEMEINEN

Die Darstellung spiritueller Erfahrungen und daraus abgeleitet die Vermittlung entsprechend zugehöriger religiöser Grundlagen und Traditionen nimmt im *Weg der weißen Wolken* einen wesentlich höheren Anteil und damit Stellenwert ein als die Beschreibung von Orten oder Routen der Reise. Dennoch sind die Örtlichkeiten eminent wichtig für das Buch. Denn gerade diese Plätze sind verbunden mit bestimmten, für Govinda wichtigen Persönlichkeiten oder bewirken gewisse Erlebnisse beziehungsweise lösen Erfahrungen in ihm aus, die ihm wiederum zum Anlass dienen, das persönliche Erleben in einen größeren religionskulturellen Kontext zu stellen, den er dem Leser dann vermittelt. Dabei ist sein Stil bewusst nicht um die Darstellung wissenschaftlich-theoretischer Inhalte bemüht und damit vermeintlich objektiv, sondern Govinda bringt im Versuch der Erklärung gewisser Inhalte oft und gerne Vergleiche mit Inhalten christlich-abendländischer Traditionen der Philosophie oder der Mystik mit ein, an die ihn persönlich vielleicht ein Phänomen, das er beschreibt, erinnert hat. Mit dieser Art baut er seiner vornehmlich christlich-abendländischen Leserschaft eine Brücke, schafft im Leser eine Art (Quasi-)Verständnis für das, was diesem ansonsten vielleicht nur als spektakulär-exotisch erscheinen und daher vom inneren Zugang her verwehrt bleiben würde. Dieses Vorgehen hat Govindas Stellung als wichtiger Vermittler östlicher, gerade tibetischer Religion, Philosophie und Kultur im Westen begründet und auch seinen Erfolg als spiritueller Führer für viele Erkenntnissuchende, die sich mit Govindas Erfahrungen und seiner persönlichen, abendländisch geprägten Art der Aufbereitung, in der er darüber berichtete, identifizieren konnten, und die er, ohne dass dies wohl seine bewusste Intention war, mit seinen Beschreibungen ansprach und „abholte". Überhaupt scheint Govindas Erzählweise nicht wesentlich geprägt von stilistischen Intentionen der Leserorientiertheit oder pädagogischen Überlegungen, sondern vielmehr authentisch als Selbstdarstellung eines von seinem Erlebten erfüllten Autors, der sich nicht scheut, seine persönliche Sicht der Dinge in den Mittelpunkt des Berichts zu stellen, der sich bewusst ist über die Subjektivität der Darstellung und diese auch bewusst wählt.

GOVINDAS LEBEN ALS PILGERFAHRT MIT TSAPARANG ALS HÖCHSTEM ZIEL?

Govindas Grundlage für diese Art des Schreibens ist sein Begriff von Pilgerfahrt bzw. Pilgerschaft, was bereits im Untertitel des Buches „Erlebnisse eines buddhistischen Pilgers in Tibet" zum Ausdruck kommt und den er im Geleit erläutert. Pilgerschaft unterscheide sich, so Govinda, von einer (gewöhnlichen?) Reise vor allem dadurch, dass sie nicht zweckgebunden sei, keinem festgelegten Plan folge und keinem im Voraus bestimmten Ziel zustrebe, sondern ihren Sinn in sich selbst trage, indem der Pilger auf eine „Richtung des Herzens" vertraue, die sich dann zugleich auf zwei Ebenen auswirke: der seelischen und der physischen.[2] Die Pilgerschaft im äußeren Raum werde somit zum Spiegelbild einer inneren Bewegtheit und Bewegungsrichtung auf ein noch unbekanntes, aber eben in jener Richtung keimhaft enthaltenes, fernes Ziel hin. Hieraus erwachse die Bereitschaft, die Horizonte des Bekannten und Gewohnten zu überschreiten, die Bereitschaft zu schicksalsmäßiger Begegnung mit Menschen und Örtlichkeiten und das Vertrauen in die Sinnhaftigkeit allen Geschehens, das mit der Tiefe des menschlichen Wesens und der Ganzheit des größeren Lebens in Einklang stehe.[3]

Aufgrund der Gegenüberstellung von Pilgerschaft und Reise bleibt es ein wenig unklar, ob Govinda Pilgerschaft mit Pilgerfahrt oder Pilgerreise gleichsetzt. Wäre Pilgerschaft als eine Art Haltung zu verstehen, könnte Govinda mit seinen Definitionen eine Lebenseinstellung meinen, die den diesbezüglich Offenen und Vertrauenden sinnhaft und verlässlich zu für ihn bedeutsamen Orten und Menschen führt. Diese Definition jedoch auf eine „andere" Form des Reisens anzuwenden, nämlich eine Form, die von den ausgeführten Charakteristika, sowohl im seelischen / inneren wie physischen / äußeren Bereich, geprägt ist, erscheint zumindest in Bezug auf Govindas Buch unpassend, denn Govindas Reisen erscheinen stets klar zweckgebunden, folgen festgelegten Plänen und streben im Voraus bestimmten Zielen zu. Das von Govinda angeführte Bild der Wolke als Vergleich mit dem Pilger – also ihm selbst – die „im Einklang mit Himmel und Erde frei im blauen Äther schwebt und von Horizont zu Horizont zieht, dem Hauch der Lüfte folgend"[4] erscheint, zumindest auf seine eigenen Schilderungen bezogen, ein wenig schwärmerisch. Seine einzelnen, zum Teil mit großem logistischem Aufwand verbundenen Reisen im Himalaya und in Tibet fanden nicht kontinuierlich in einem Stück statt, wie dies der Begriff der Pilgerfahrt (zum Beispiel nach Lourdes, zur Gangesquelle, der Jakobsweg oder auch die Umrundung des Kailash) nahelegt, sondern einzeln über einen weiten Zeitraum hin verteilt. Sicherlich kann zwischen diesen verschiedenen Reisen ein Zusammenhang festgestellt werden – Erkenntnisgewinn, Weiterschreiten auf dem spirituellen Weg, Erkennen und Erfüllung einer (Lebens)Aufgabe – doch erscheinen manche chronologisch früher liegenden Erlebnisse, wie das Zusammentreffen mit und die Initiation durch seinen tibetischen Guru, Tomo Geshe Rinpoche, oder gewisse Meditations-/Teilerleuchtungserfahrungen viel eher als „Ziele", als die das Ende der Tibetreisen markierende Arbeit an den Tempelfresken von Tsaparang. So sind Govindas erstere Schilderungen wesentlich ergreifender, ausführlicher und besitzen textlich wesentlich stärkere Auswirkungen, indem er ausholt, die ihnen zugeordneten kulturellen Traditionen zu beleuchten und seine persönlichen Erfahrungen in diesbezüglich zugehörige spirituell-religiöse Zusammenhänge zu stellen. Hierzu passt auch, dass Govinda seine erste Begegnung mit dem, was er für die, wie er behauptet, für ihn so wesentlich beeinflussende und seine Lebensaufgabe bedeutende Kunst der Rinchen-Zangpo-Zeit des 11. Jahrhunderts hält, der er, wie er (ebenso fälschlicherweise) glaubt, in Tholing und Tsaparang dann wiederbegegnet und dies als Erfüllung dieser schicksalshaften, von „unsichtbarer Hand geleiteten" Begegnung darstellt, dennoch gerade einmal einen einzigen Satz widmet und noch nicht einmal bekundet, wie der Ort, an dem diese „wunscherfüllende" und wegweisende, aber fast zufällig erscheinende Entdeckung stattgefunden hat, heißt.[5]

Zwar muss einschränkend gesagt werden, dass die monatelange Tätigkeit in Tsaparang für Govinda als Künstler sicherlich enorme Bedeutung gehabt haben muss – er schreibt beispielsweise, dass er und seine Frau, Li Gotami, mehr und mehr von ihrer Arbeit des Kopierens der Wandmalereien auf Pauspapier absorbiert wurden und dadurch ihre eigene Identität aufzugeben und die Identität derer anzunehmen schienen, die sich vor Jahrhunderten dem Erstellen der Malereien gewidmet hatten[6] – doch überwiegen im Textteil zu Tsaparang klar die äußeren Beschreibungen wie Kälte, Entbehrungen, Schwierigkeiten mit der Bürokratie etc. Govinda verzichtet sogar darauf, auf

Einzelheiten der von ihm mit am wichtigsten eingestuften „Fresken" einzugehen.[7] Vielleicht hat er hier leserorientiert gedacht und war sich klar, dass eine
visuelle Dokumentation in diesem Zusammenhang sinnvoller gewesen wäre,
als die bloße textliche Beschreibung (er strebte hierzu, wie er schreibt, eine
eigene Publikation an[8]). Doch gerade unter dem Aspekt, dass mit Tsaparang
das eigentliche Ziel einer „Jahrzehnte langen Pilgerschaft" erreicht worden
sein soll, erscheint es eigentümlich, dass er gerade hier an Beschreibungen
spart und die vorhandenen Schilderungen sich eher in äußeren, denn in inneren Erlebnissen ergehen. Hierüber kann auch sein Prolog des Buches, „Die
Vision des Dichters: Prolog im Roten Tempel von Tsaparang"[9] nicht hinweg-
täuschen, denn bei diesem handelt es sich eher um eine kunstvoll-überhöhte
Auseinandersetzung mit Inhalten und Themen der Wandmalereien und deren
bald nach Govindas Abreise einsetzenden Schicksal der Zerstörung (während
der Kulturrevolution Chinas durch Mao Zedongs Rote Garden), die die von
Govinda möglicherweise bereits Zeit seines Aufenthalts empfundene und im
Prolog thematisierte Vergänglichkeit noch verstärkten.

DER KAILASH – ALLE PILGER UND DEREN ERFAHRUNGEN SIND EINS

In Bezug auf Wertigkeiten von Erlebnissen erscheint auch der gesamte Text-
bereich zum heiligen Berg Kailash und dessen Umrundung zum Beginn des
fünften Buchteils, „Rückkehr nach Westtibet", befremdlich. Schreibt Govinda
sämtliche andere Kapitel seines Buches in der Ich- oder Wir-Form, wählt er,
nachdem er im Kapitel „Der Heilige Berg" eine Ich-Erzählerfreie Einführung
zur Bedeutung des Kailash gibt, für die beiden folgenden Kapitel „Das Land
der Götter" und „Die letzte Prüfung" (S. 314-324) die seltsam distanziert wirkende dritte Person als Erzählform. Er spricht fortan nur davon, was „der

Pilger" erlebt. Als Grund für diese drastische Stiländerung gibt er an, dass man, um die volle Bedeutung des Kailash und seiner außergewöhnlichen Umgebung zu verstehen, ihn nicht nur vom geographischen, kulturellen oder historischen Standpunkt aus betrachten müsse, sondern vor allem durch die Augen des Pilgers. Es müsse sich der engen Grenzen der Persönlichkeit, vor allem aber der intellektuellen Vorurteile westlicher Erziehung entledigt werden, denn die Erlebnisse, denen man hier begegne, seien zu groß und zeitlos, um auf der Bühne rein persönlicher Reaktionen und Erfahrungen dargestellt werden zu können. Govinda und Li Gotami hätten sich als bloßes Glied in der anfang- und endlosen Kette der Kailash-Pilger empfunden, wodurch sie es wichtiger als alles andere empfunden hätten, an einem überpersönlichen Erleben Teil zu haben, das weit über alle individuellen Anschauungen und Gefühle hinausgegangen sei und ihr Bewusstsein auf eine höhere Ebene der Wahrnehmung und Erlebnisfähigkeit erhoben habe.[10] An diesen Kapiteln mag sich die Leserrezeption scheiden und die Frage, ob Govinda auf seiner Umwandlung des Kailash wirklich Einsicht in ein „höheres", kollektives Bewusstsein erhalten hat, das für alle Pilger, egal ob indischer, tibetischer oder ostdeutscher Herkunft, egal ob mit buddhistischem, hinduistischem, Bön oder christlichem Hintergrund, gleich ist, sei dahingestellt. Sehr überzeugend ist die Wahl der dritten Erzählperson hierfür nach heutiger Lesart zumindest nicht. Im Zusammenhang mit einer Textpassage vom relativen Anfang des Buches betrachtet, ließe sich hier jedoch eine gewisse Fortführung, vielleicht sogar Vollendung einer Erfahrung Govindas erkennen, die bei näherer Betrachtung jedoch auch wiederum ebenso zwiespältig ist, wie die Darstellung eigener Eindrücke als Synonym für kollektiv entwickelte Anschauungen und gemachte Erfahrungen. Diese Textpassage spielt im Versammlungsraum des Klosters Yigah Chöling in der Ortschaft Ghoom unweit von Darjeeling. Govinda gibt zunächst eine nahezu dreiseitige Beschreibung des Raumes, in dem er nächtigt, der Versammlungshalle des Klosters (Dukhang), und publiziert sogar eine detaillierte Skizze davon. Er endet diese durchaus kenntnisreich und verstandsorientiert gestaltete und sogar noch illustratorisch durchdrungene Textpassage jedoch damit, dass er ausführt, froh zu sein, dass niemand da gewesen sei, um ihm die Einzelheiten des Raumes zu erklären, da diese intellektuelle Beschäftigung ihn der Unmittelbarkeit seines persönlichen ersten Eindrucks und der Spontaneität der inneren Antwort in der Begegnung mit dieser neuen Welt beraubt hätte. Er hält gerade die Wandmalereien für den Ausdruck integrierter Visionen unzähliger meditierender Menschen, deren Visionen auf innere Erfahrung begründet gewesen seien und auf einer geistigen Wirklichkeit, über die sein Intellekt weder Macht noch Urteil besäße. Gleichzeitig gibt er jedoch an zu spüren, wie diese „Wirklichkeit" von ihm Besitz nimmt, seine Vorstellungen und Wertungen von der materiellen Welt durchdringe und so eine Wandlung seiner bewussten Haltung ihr gegenüber bewirke. Religiöse Wahrheiten und geistiges Leben seien eine Angelegenheit des Überschreitens der Grenzen unseres gewohnten Bewusstseins, die nicht über den Intellekt vollzogen werden könnten, sondern auf innere Wahrnehmungs- und Erlebnisfähigkeit gegründet seien.[11]

Vor diesem Hintergrund erscheint einerseits die Verschmelzung Govindas mit dem kollektiven Erfahrungsschatz sämtlicher Kailash-Pilger nachvollziehbar – er spricht ja immer wieder von dieser Verschmelzung mit den vielen, die vor ihm ähnliche Handlungen durchgeführt haben und seiner nahezu vollzogenen, temporären Ich-Auflösung. Andererseits fehlen bis auf die eine erwähnte Textpassage in seinen Schilderungen der Zeit in Tsaparang ähnliche Äußerungen über das Erreichen eines höheren Bewusstseinszustandes nahezu vollständig, sodass diese wohl nicht als der Höhepunkt und die „Erfüllung" der Pilgerziele Govindas – zumindest nicht der „inneren" (die aber, wie oben bereits ausgeführt, ja das Spiegelbild der äußeren Erlebnisse sein sollen) betrachtet werden können. Allerdings formuliert Govinda als letzten Satz vor dem Epilog des Buches in Zusammenhang mit der Äußerung von Dank für alles, was er von seinen Lehrmeistern in Tibet erfahren durfte, die persönliche Bedeutung seines Aufenthalts in Westtibet und, vor dem Hintergrund der zum damaligen Zeitpunkt stattfindenen Zerstörung der Klöster Tibets, seine Motivation für die Zukunft: *„(und) wir sind entschlossen, den Rest unseres Lebens der Vollendung jenes Werkes zu widmen, mit dem das Schicksal uns in Tsaparang betraute: der Welt durch Wort und Bild das unsterbliche Erbe Tibets zu übermitteln."*[12]

ÄUSSERE ORTE? JA, ZUM GLÜCK!

Neben allen spirituell überhöhten Ungereimtheiten in den Äußerungen Govindas zu den Beschreibungen seiner inneren Erlebnisse und spirituellen Erfahrungen besitzen diese jedoch zweifelsohne und uneingeschränkt eminente Bedeutung für die Vermittlung der mitunter schwierigen religiös-philosophischen Hintergründe und Kulturpraktiken des (tibetischen) Buddhismus, was Govinda, in der Zeit betrachtet, hervorragend und verdienstvoll gelang. Ungeachtet dessen, welche Wertigkeiten er selbst im Bericht den äußeren Stationen seiner Reisen zubilligt – ihnen kommen spätestens heutzutage nicht mindere Bedeutung zu, sind diese doch Orte und Regionen, die in dieser Form zum Teil schon lange nicht mehr existieren beziehungsweise die bis heute in der Art, wie dies Govinda zwischen 1931 und 1949 noch möglich war, nicht mehr bereist werden können. Dies betrifft natürlich vor allem die Grenzgebiete nach Tibet hin, in denen sich Govinda sowohl im östlichen Himalaya wie im westlichen Karakorum aufhielt und von hier aus – heutzutage zumindest für westliche Reisende unvorstellbar – Grenzübertritte nach Tibet durchführen konnte. Zudem strukturiert Govinda, trotz des bereits beschriebenen hohen Anteils an Darstellungen spiritueller Erlebnisse, sein Buch nicht nach Stufen etwaiger spiritueller Bewusstseinsentwicklung, sondern nach autobiographisch-zeitlichen Abschnitten, genauer: in chronologischer Reihenfolge nach seinen durchgeführten Reisen im tibetischen Kulturraum. Das Buch auf die Art hin zu untersuchen, ob und wie Govinda dem Leser die Örtlichkeiten vermittelt und gegebenenfalls bei geringen Angaben zu explorieren, um welche Lokalitäten es sich tatsächlich gehandelt haben dürfte, ist spannend und soll im Folgenden an einigen Beispielen aufgezeigt werden.

WO IN LADAKH SIND WIR?

Die Einteilung von Abschnitt I des Buches, „Drei Visionen", folgt eher einer spirituellen Orientierung als einer geographischen. Geographisch orientiert gelesen, wirken die erzählten Episoden daher ein wenig verwirrend. Die erste erwähnte Lokalität, die mit Govinda in Beziehung steht, ist das Yigah Chöling Kloster von Ghoom / Darjeeling, in dem der Autor seinen Guru Tomo Geshe Rinpoche kennenlernt und von diesem initiiert wird. Im Kapitel „Auf dem Weg der weißen Wolken" folgt Govinda Ende 1932 ein Stück weit dem von den Briten Ende des 19. Jahrhunderts angelegten „Darjeeling-Lhasa-Highway", einer Handelsroute über den Nathu-la (4310 m), die auf tibetischer Seite durch das Chumbi-Tal verlief.[13] Als Motivation für seine Reise gibt Govinda an, dass der Drang, seinem Guru zu folgen, in ihm übermächtig geworden sei und er einen ersten Blick auf die Heimat von Tomo Geshe werfen wollte.[14] Bei einem solchen bleibt es dann auch: Govinda steigt vom Nathu-la hinab ins Chumbi-Tal, nur um kurze Zeit darauf wieder umzukehren und nach Sikkim und Darjeeling zurück zu wandern – zu Fuß hin und zurück über Kalimpong und Sikkims Hauptstadt Gangtok eine immerhin mindestens zweiwöchige Reise, in der damaligen Zeit spätestens im letzten Drittel Nordost-Sikkims, wenn nicht bereits vorher, nur auf beschwerlichen Dschungelpfaden durch Blutegelverseuchte Regenwälder zurücklegbar. Warum Govinda nach all diesen Strapazen, die er anschaulich und packend schildert, nicht länger in Tibet blieb, wird aus dem Bericht nicht ersichtlich, doch vermutlich hatte er keine Aufenthalts- oder Reiseerlaubnis von der britischen Regierung erhalten.

Mindestens ebenso erstaunlich ist dann jedoch, dass Govinda in der Hälfte dieses Kapitels innerhalb eines einzigen Satzes den geographischen Raum des Geschehens um circa 2000 km Luftlinie über nahezu den gesamten Himalaya hinweg verlagert und auch landschaftlich einen krassen Sprung von Regenwald zu Bergwüste vollzieht. Er wendet sich nach Nordwest-Indien, und zwar nach Ladakh im Karakorum-Himalaya, heute ein sensibles, zum Bundesstaat Jammu & Kashmir gehörendes Grenzgebiet zwischen Pakistan und China. Hier reist er in fast vier Wochen von Srinagar über Kargil nach Leh, ohne dass er dieser Reise ein einziges beschreibendes Wort widmet. Sein Ziel, so sagt er, sei der Changthang, die Hochebene am Oberlauf des Indus im Nordosten Ladakhs, die weit bis nach Westtibet hinein reicht, da diese, wie er schreibt, damals noch wenig erforscht gewesen sei. Über seine gesamte Zeit in Ladakh vor dieser Unternehmung berichtet Govinda auch nichts, außer dass er sich „in den gastlichen Klöstern" ausgeruht habe.[15] Auch über seine Reiseroute zum Changthang erfahren wir direkt nichts – sie lässt sich nur nachträglich anhand seiner Fotos[16] rekonstruieren, da Govindas ungenaue Textangaben eher verwirren, als erhellen. So ist der Satz „Ein Pass von über 6000 m Höhe lag vor uns"[17] irreführend, da derartig hohe Pässe in Ladakh nur weiter östlich am Tso Moriri zu finden sind (Chhamser Pass (6000 m) zwischen See und Industal; Lungser Pass (6240 m) am See, nach Nyoma führend) beziehungsweise nur für das Siachen-Gletschergebiet beschrieben werden, also nördlich des Nubratales in Richtung Westen gen heutiges Pakistan.[18] Einige höhere, aber auch nicht 6000 m erreichende Pässe liegen nördlich des später von Govinda beschriebenen Pangong Tso, zum Teil auf heute chinesischem und früher tibetischem Gebiet (Marsimik-la (5590 m) unweit des Berges Tama, der auch „nur" 6170 m Höhe erreicht; Changlung-la, noch weiter nördlich, mit einer Höhe von 5650 m).[19] Sie können also nicht von ihm benutzt worden sein, um von Leh aus an den See zu gelangen. Auch enthält Govinda eigentümlicherweise dem Leser den Namen des Höhlenklosters vor, in dem er die Nacht vor dem Aufstieg zu seinem – namenlosen – Pass verbringt, obwohl er in diesem eine für ihn so wichtige Vision hat, dass er dieser ganze drei Kapitel widmet.[20] Govinda hat dieses Höhlenkloster nicht fotografiert.[21] Auch die von ihm erwähnte Skizze ist nicht auffindbar.[22] Mit Hilfe von Govindas existierenden Fotografien, z.B. von Hemis und Chemre,[23] und auch aus dem von ihm beschriebenen Umstand, dass das Höhlenkloster ganz in der Nähe des von ihm am nächsten Morgen überwundenen Passes lag, lässt sich aber rekonstruieren, dass es sich wohl um das Kloster Trakthok gehandelt hat. Diese Anlage liegt am Oberlauf jenes Tals, durch das seit jeher der direkteste Zugang vom Industal aus zum Pangong Tso erfolgt. Von Karu, gegenüber dem berühmten Kloster Hemis gelegen, wo Govinda, wie er es im Buchabschnitt IV zu Süd- und Zentraltibet beschreibt (!), Maskentänzen beiwohnte,[24] folgt man einem aus nordöstlicher Richtung kommenden Zufluss des Indus am Kloster Chemre vorbei. Am Ende des Tals liegt die Ortschaft Sakti mit seinem berühmten Nyingma-Höhlenkloster Trakthok, kurz vor der ansteigenden Bergkette mit dem darüber zum Pangong Tso führenden Chang-la. Dessen Höhe beträgt jedoch nicht 6000 m sondern „nur" 5360 m. Hier hat sich Govinda wohl ein wenig zu Superlativen hinreißen lassen.

Erstaunlicherweise nimmt Govinda dann die Überquerung des Chang-la – und nicht etwa erst das Erreichen des Sees – als Anlass, den zweiten Teil seines Buches, „Pilgerleben", zu beginnen. In diesem Buchteil besticht Govinda anfangs durch seine Gabe der hervorragenden und eindrücklichen Vermittlung seiner Impressionen der Landschaften, die er durchwandert. Diese rufen in ihm natürlich wiederum seinen reichen Fundus an Wissen um verschiedene spirituell-esoterische Traditionen einschließlich Huxleys Drogenerfahrungen ab, die er zitiert, als er von, durch die Höhe induzierte, intensivierten Farbeindrücken am türkisblauen Pangong-See berichtet.[25] Auch lange zurückliegendes Biographisches, was ihn in ebenfalls höheinduzierten, intensiven Träumen wieder heimsucht, gibt Govinda preis und vermittelt dem Leser so ein Gefühl starker Nähe und Empathie zum Autor. Höhepunkt dieses Buchteils bildet wohl das Kapitel „Der gleitende Berghang und das Rätsel der Pferdehufe", in dem Govinda seine Trance-Schnelllauf-Erfahrung (*lung-gom*) schildert. Der Rest dieses Abschnitts[26] dient dann wieder der erweiterten kulturhistorisch-religionsphilosophischen Betrachtung des Phänomens, das Govinda erweitert um Praktiken wie Yoga, Meditation und asketische Übungen zur Erlangung übermenschlicher Fähigkeiten und Heilkräfte. Hier greift Govinda vor auf zwei wesentlich später, nämlich 1949 und 1937 stattfindende Episoden: Die zuerst beschriebene behandelt die Heilung einer Schwerkranken am Hof des Rajas von Rampur in Kinnaur / Himachal Pradesh, und die zweite berichtet davon, wie der Abt von Lachen in Nord-Sikkim sich seines Geistes bemächtigt und Govinda nur durch äußerste Anstrengung und die Anfertigung eines Selbstbildnisses die Auflösung seiner Identität verhindern kann.[27]

Teil drei des Buches ist dann ein rein auf Kultur- und Religionszusammenhänge hin ausgerichteter Abschnitt, der sich in acht Kapiteln auf 61 Seiten, dem Titel entsprechend, mit „Tod und Wiedergeburt" beschäftigt. Govinda unternimmt hier biographische Ausflüge zu seinem Aufenthalt in Burma und seiner Studienzeit in Italien.[28]

WIE SIND WIR NUR HIERHER GEKOMMEN? I
SÜD- UND ZENTRALTIBET

Den vierten Teil des Buches, „Süd- und Zentraltibet" beginnt Govinda mit der Erwähnung des Umstandes, dass der Ausbruch des Zweiten Weltkriegs seine Reisepläne für Westtibet zunichte gemacht habe. Dennoch heiratet er Li Gotami im Kloster von Tse Chöling im tibetischen Chumbi-Tal. Dadurch, das Govinda darauf verzichtet, eine Jahresangabe für seine Reise zu nennen, denkt man als Leser, man befände sich im Jahr 1933. Umso mehr fragt man sich, wieso die beiden imstande sind, sich in Südtibet aufzuhalten, wenn Westtibet ihnen verschlossen ist. Govinda gibt darüber keinerlei Auskunft. Auch bleibt es nicht bei einem (Kurz)Aufenthalt in dieser nahe an Sikkim gelegenen Region, denn via Dungkar und Phari (ebenfalls im Chumbi-Tal) reisen die beiden weiter nördlich nach Gyantse, wo sie Studien in den großen Klöstern und Tempeln, insbesondere im Kumbum, dem Tempel der „Hunderttausend Buddhas", und im Pelkhor Chöde durchführen und auf die Ausstellung ihrer Genehmigung für die Weiterreise und die Arbeit in den „Klöstern Rinchen Zangpos" warten.[29] Erst später wird dem Leser klar, dass das Erzählte im Jahr 1947 spielt – ganze vierzehn Jahre überspringt Govinda hier einfach – vielleicht deswegen, weil er, trotz Annahme der britischen / indischen Staatsbürgerschaft im Jahre 1938, aufgrund seiner Nähe zur Unabhängigkeitsbewegung Gandhis von den britischen Kolonialherren 1940 im durch Heinrich Harrer bekannt gewordenen Internierungslager Dehra Dun[30] festgesetzt wird. Auch hiervon berichtet Govinda erstaunlicherweise kein Wort. Die britische Staatsbürgerschaft jedoch ermöglicht ihm nach seiner Entlassung 1945, neue Reisepläne für Tibet zu entwickeln, denn das Chumbi-Tal und Gyantse sind seit dem britischen Feldzug gegen Tibet 1904, der sogenannten „Younghusband-Expedition", in englischer Hand. Vertraglich hatten sich die Briten freien Zugang für die nächsten 75 Jahre sowie die Möglichkeit der Stationierung eines britischen Handelsvertreters in Lhasa zugesichert.[31] Auch die Hochzeit mit Li Gotami findet erst im Jahre 1947 statt.[32] *„Aus verschiedenen Gründen... mehrere Monate länger..., als wir beabsichtigt hatten"*[33] müssen sich die Govindas in Gyantse aufhalten – ihre weiteren Ziele bleiben unklar. Der Leser geht aber davon aus, dass es sich um Westtibet handeln müsste, da dies ja Govindas selbst erklärtes Ziel ist – und nutzen die Zeit für weitere Studien der klösterlichen Kunst. Ein Ende dieser Süd-/Zentraltibet-Reise kann der Leser nur erahnen, da Govinda einen weiteren Aufenthalt in Dungkar, was südlich an der Strecke nach Indien liegt, zeitlich nur mit *„bei unserer Rückkehr"* definiert.[34] Ob die Govindas eine Erlaubnis für die Weiterreise (nach Westtibet oder wohin auch immer) erhalten hatten oder nicht, ist in den „Weißen Wolken" jedoch nirgends beschrieben.

WIE SIND WIR NUR HIERHER GEKOMMEN? II
WESTTIBET

Den Höhepunkt unvermittelter Darstellungsweise seiner Reisen liefert Govinda im „Westtibet" betitelten Teil V des Buches. Dieser beginnt mit den bereits erwähnten kulturhistorischen und religionsphilosophischen Bedeutungszusammenhängen des Berges Kailash und den kollektiv-überhöhten Darstellungen der Pilgerfahrt-Erlebnisse (drei Kapitel, 31 Seiten).[35] Doch selbst danach erläutert Govinda nicht die Zusammenhänge für diese Reise, noch nicht einmal in der ihm sonst typischen Form einer schicksalhaft-passiven Überraschung, gelenkt von einer höheren Macht. Dieser Verzicht auf Informationen ist nicht gerade leserorientiert, denn des Lesers letzter Stand war, dass er die beiden in Gyantse in ihrem Warten auf die ersehnten Genehmigungen begleitete, die aber bis zur Rückkehr nach Dungkar, der wohl eine Ausreise aus Tibet unmittelbar folgte, nicht eintrafen. Erhellend über den Reiseverlauf ist lediglich eine andere Quelle, nämlich die beiden Bücher von Li Gotami, *Tibet in Pictures – A Journey into the Past*,[36] deren vorangestellten Landkarten zu entnehmen ist, dass die Govindas ihre Westtibetreise von Almora in den Kumaon-Bergen des heutigen indischen Bundesstaates Uttarkhand begannen, dem Ort, der ab 1955 auch der Sitz ihres Ashrams wurde. Über Dharchula, Garbyang und den 5334 m hohen Lipulekh-Pass erreichten sie Tibet an der Stelle, wo es mit Indien und Nepal ein Dreiländereck bildet. Im Warenumschlagsflecken Taklakot hatten sie das letzte Mal Gelegenheit, ihre Vorräte für, wie Govinda schreibt, ein ganzes Jahr aufzufüllen.[37] Wahrscheinlich haben sie hier auch ihre aus acht Yaks mit Treibern bestehende Karawane zusammengestellt, allein: Govinda schweigt dazu. Dies ist umso verwunderlicher, als der gesamte fünfte Teil der *Weißen Wolken* – die ungewohnte Kollektiv-Schreibweise („der Pilger") in den Kapiteln zur Umrundung des Kailash einmal außer Acht gelassen – am stärksten auf den Schwerpunkt „Reisebeschreibung" hin ausgerichtet ist und Govinda derartigen Episoden zum Ende des Buches, als Li Gotami und er Westtibet verlassen müssen, durchaus Stellenwert einräumt. Wie schon in seinen Beschreibungen der Episoden am Pangong Tso in Ladakh und seiner ersten Reise durch den Nordosten Sikkims nach dem Chumbi-Tal, strahlt in diesen letzten Kapiteln Govinda wieder durch seine Fähigkeit der lebendigen, impressionistischen Beschreibung. Für diesen Buchteil erhält diese heute noch einmal einen ganz besonderen Wert, da seit dem Einmarsch der Chinesen das Gebiet entlang des Sutlej zwischen Tsaparang und der indischen Grenze für westliche Reisende streng bewachtes Sperrgebiet ist.[38] [39] Dass es ein wenig eigentümlich imponiert, dass gerade in diesem, die „Erfüllung" all seiner Träume und Pläne darstellenden Aufenthalt, Govinda so wenig von inneren Erlebnissen berichtet, ist bereits erwähnt worden. Doch vielleicht lässt sich dies auf verständnisvolle Weise interpretieren, wenn man Govinda selbst dazu hört, der ausführt, dass Visionen nicht für göttliche Offenbarungen letzter Wirklichkeit zu halten sind, sondern man sich durchaus ihrer Relativität und ihres psychischen Ursprungs bewusst sein sollte. Sie entstehen und vergehen wie jedes wahre Kunstwerk, das aus den höchsten Erlebnissen des menschlichen Genius geboren ist, und wenn ihnen auch kein Bestand, keine *bleibende* Wirklichkeit zukommt, so enthalten sie dennoch Symbole, deren stets wiederkehrende Formen Wegweiser und Anreger zur höchsten Vollendung, zur Erleuchtung sind.[40] Demnach wären all die in Govindas *Weg der weißen Wolken* beschriebenen Visionen die Wegweiser, die Govinda nicht als letztendliche Realität angenommen hatte, sondern aus deren Symbolgehalt er „lediglich" seine Berufung – das Kopieren der Wandmalereien in Tsaparang – entnommen hatte. Nach Erreichen dieses Ziels war die Durchführung dieser Tätigkeit zum Erhalt und zur Weitergabe an kommende Generationen dann nur noch die praktische Konsequenz aus allem vorher Erlebten, das ihn auf diese Tätigkeit vorbereitet hatte und bedurfte, so gesehen, keiner weiteren inneren Visionen oder Erleuchtungserlebnisse.

1   Hutchinson & Co. Ltd., London

2   Lama Anagarika Govinda: *Der Weg der weißen Wolken – Erlebnisse eines buddhistischen Pilgers in Tibet*, 10. Auflage. Bern, München, Wien: Scherz Verlag 1987, (im Folgenden „Govinda"), S. 14

3   Ebenda, S. 15

4   Ebenda, S. 15

5   Ebenda, S. 97; wie das Fotoarchiv der Lama Anagarika und Li Gotami Govinda Stiftung (vormals Pforzheim, heute Hochegg, Grimmenstein in Österreich) zeigt, hat Govinda als einzigen, vermeintlich Rinchen Zangpo zuzuordnenden Tempelbezirk das Kloster Alchi am Unterlauf des Indus in Ladakh besucht. Seine Darstellung, dass er – wie zufällig / unbewusst aber vorherbestimmt – auf dieses Kloster „stieß", erscheint äußerst fragwürdig, denn Alchi war zu der damaligen Zeit bereits, z.B. durch die Schriften des Herrnhuter Missionars und Archäologen August Hermann Francke (*Antiquities of Indian Tibet*, Part I, Personal Narrative, 1914, Calcutta: Superintendent Government Printing, S. 88-93) bekannt. Es erscheint zudem eigentümlich, dass Govinda, selbst Künstler, nicht die enormen stilistischen Unterschiede zwi-

schen beispielsweise Dukhang und Sumtsek von Alchi und sämtlichen Tempeln von Tholing und Tsaparang empfindet. Das, was Govinda in letzteren Stätten während seines Aufenthaltes vorfand, ist Kunst des 15. Jahrhunderts – auch die (zu Zeiten Govindas noch nicht zerstörte) Statue des Rinchen Zangpo im Lhakhang Karpo von Tsaparang, deren Anwesenheit Govinda wahrscheinlich, vor dem Hintergrund der damals noch in den Anfängen steckenden kunsthistorischen Forschung zu Tibet, zum Anlass genommen hat, die Kunst des Tempels der Rinchen-Zangpo-Zeit zuzuordnen. Andererseits besteht auch heute noch Uneinigkeit über die genaue Datierung der Bildwerke Alchis, Konsens jedoch über die Großperiode zwischen dem 11. und 13. Jahrhundert für ihr Entstehen. Die sowohl in Alchi wie in Tholing und Tsaparang erhaltenen Kunstwerke haben mit Rinchen Zangpo (958-1055AD) und seiner Periode direkt nichts zu tun.

6   Ebenda, S. 360

7   Ebenda, S. 363

8   Ebenda, S. 363

9   Ebenda, S. 19-23

10 Ebenda, S. 314

11 Ebenda, S. 38f

12 Ebenda, S. 424

13 Derek J. Waller: *The Pundits: British Exploration of Tibet and Central Asia*. Lexington: University of Kentucky Press1990, S. 187

14 Govinda, S. 76

15 Ebenda, S. 81; aus dem Fotoarchiv der Lama Anagarika und Li Gotami Govinda Stiftung (vgl. Anm. 5) geht hervor, dass er die Klöster Mulbekh (Nr. 300), Rizong (Nr. 294), Alchi (Nr. 296), Leh (Nrn. 8, 9, 293, 301, 304), Sabu (Nr. 297), Thikse (Nr. 302), Hemis (Nrn. 6,164, 305, 310, 312-314) und Chemre (Nr. 4) besucht hat. Recherche der Autors, Februar 2016

16 Fotoarchiv der Lama Anagarika und Li Gotami Govinda Stiftung. Recherche des Autors, Februar 2016.

17 Govinda, S. 81

18 Harish Kapadia: *Across Peaks & Passes in Ladakh, Zanskar & East Karakoram*. New Delhi: Indus Publishing 1999, S. 217-218

19 http://www.himalaya-info.org/images/Images%20Landkarten/Map%20Ladakh.gif. Besucht am 4.3.2016.

20 Govinda, S. 82-98

21 Fotoarchiv der Lama Anagarika und Li Gotami Govinda Stiftung. Recherche des Autors, Februar 2016.

22 Govinda, S. 94

23 Fotoarchiv der Lama Anagarika und Li Gotami Govinda Stiftung. Recherche des Autors, Februar 2016, Bildnummern 4, 6,164, 305, 310, 312-314

24 Ebenda, Bildnummern 6,164, 305, 310, 312-314; Govinda, S. 270-278

25 Govinda, S. 109

26 Sechs Kapitel, 43 Seiten, ebenda, S. 133-176

27 Ebenda, S. 155-157 und S. 163-174

28 Ebenda, S. 177-238

29 Ebenda, S. 270

30 Heinrich Harrer: *Sieben Jahre in Tibet. Mein Leben am Hofe des Dalai Lama*. Wien: Ullstein Verlag 1952

31 Wade Davis: Into the Silence: The Great War, Mallory and the Conquest of Everest, 2011, London: Vintage Digital, S. 60

32 Sämtliche biographische Daten dieses Abschnitts aus: Detlef Kantowsky: *Der Weg der Weißen Wolken. Texte, Bilder und Dokumente aus dem Leben von Lama Anagarika Govinda (1898-1985)*. Konstanz: Universität Konstanz 1996, S. 7

33 Govinda, S. 270

34 Govinda, S. 286

35 Govinda, S. 303-334

36 Volumes I & II, 1979, Berkeley: Dharma Publishing, S. 2-3, bzw. 102-103

37 Govinda, S. 336

38 Ein erstes Buch mit Aufnahmen von diesem Gebiet, zumindest der indischen Seite bis zum Shipki-Pass hat 2015 Mani Babbar unter dem Titel *Shipki la* im Eigenverlag herausgegeben: http://www.blurb.com/b/2296984-shipki-la. Besucht am 6.3.2016

39 Eingeschränkte Handelsbeziehungen zwischen China und Indien sind jedoch seit 1994 über den Shipki-la (4000 m) sowie die bereits erwähnten Lipulekh- und Nathu-Pässe seit 1992 bzw. 2006 wieder aufgenommen worden und auch einem eingeschränkten Kontingent indischer Pilger ist der Besuch der heiligen Stätten in Tibet über diese Zugänge mittlerweile möglich. Den Shipki-la haben 2015 71 indische Händler überwunden und insgesamt ein Handelsvolumen von 90 Millionen Rupees (1,2 Millionen Euro) erwirtschaftet. Gaurav Bisht: „India-China trade through Shipki La reaches new high." In: *The Hindustan Times*, 21.12.2015, http://www.hindustan-times.com/punjab/india-china-trade-through-shipki-la-reaches-new-high/story-aDsBjdhzUBXu0DERYffMgI.html. Besucht am 6.3.2016

40 Govinda, S. 30

IN SEINEM HAUS IN ALMORA

PETER MICHEL

LAMA GOVINDAS BRÜCKENSCHLAG ZWISCHEN DEN KULTUREN

Lama Anagarika Govinda wird zu den wenigen wirklich großen Brücken-bauern zwischen Ost und West gezählt.[1] Er versuchte in seinem Leben und in seinen Werken das zu verwirklichen, was er einmal selbst als Prophezeiung aussprach:

„Wir sind auf dem Weg zu *einer* Welt."[2] Die Einsicht in diese planetarische Veränderung verführte ihn aber nicht dazu, alle religiösen Systeme, Wege und Offenbarungen als nur leicht modifizierten Einheitsbrei zu betrachten. Ganz im Gegenteil. Sie ergaben nur im Zusammenspiel einen harmonischen Klang.

„Es ist daher sinnlos, alle Religionen auf den gleichen Nenner bringen zu wol-len, wie es auch sinnlos wäre, die Verschiedenheit der Pflanzen und Bäume in einem Garten nicht sehen zu wollen oder sie als Ausdruck einer unvollkom-menen Betrachtungsweise zu interpretieren. Denn so wie die Schönheit eines Gartens gerade in der Vielfältigkeit und Verschiedenartigkeit seiner Bäume und Blumen besteht, die alle ihre besondere Art von Vollkommenheit besitzen, so erhält auch der Garten des Geistes seine Schönheit und seinen lebendigen Sinn durch die Vielfältigkeit und Verschiedenartigkeit seiner Erlebnis- und Ausdrucksformen."[3]

Von entscheidender Wichtigkeit war es, dass eine Religion oder eine religiöse Tradition lebendig blieb. Erstarrte sie und sackte auf die Ebene verkrusteter Dogmatik herab, konnte sie nicht mehr als Mittel zur Inspiration und Menschenführung dienen. Daher besaß Lama Govinda stets ein Gräuel vor den sogenannten „offiziellen Repräsentanten" der verschiedenen Religionen. Bei ihnen traf er meistens auf ‚Glaubensverwalter', denen jegliche eigene spirituelle Verwirklichung fehlte.

Auch die von jenen Menschen aufgestellten ethischen Maßstäbe von „gut und böse" lehnte er ab. Sie hatten nach seiner Überzeugung nichts mit Religion im tieferen Sinne zu tun. „So kennt denn auch die Ethik des Buddhismus keine ‚Du musst' und ‚Du sollst'-Vorschriften: Jeder wird hier als Individuum entsprechend seinem Reifegrad und seiner Einsicht und geistigen Entwicklung in seine volle Eigenverantwortung gestellt."[4]

Er fasste diese Überzeugung einmal in dem prägnanten Satz zusammen: „Der Wahrheitsgehalt einer Religion besteht somit in seinem Erlebnisgehalt."[5] Erfahrungen aber wandeln sich mit der Zeit, entsprechend der Entfaltung des Bewusstseins; und eine Religion, die sich nicht wandelte, war für Lama Govinda tot. Wenn sie aber lebendig und somit wandelbar war, konnte sie in ihrer vorliegenden Fassung nicht endgültig oder gar absolut sein. „Darum kann der Buddhismus keine Religionsform, keine in Worten ausdrückbare Lehre als endgültig oder allein wahr betrachten."[6] Wer sich diese Auffassung zu eigen machte, war und blieb fähig, im Dialog der Religionen eine entscheidende Rolle zu spielen. Lama Govinda trifft sich hier mit der Forderung Krishnamurtis, man könne keiner Religion, im Sinne von Konfession, wirklich anhängen, wenn man wahrhaft religiös wäre. Die eigene Offenheit geriet nahezu zwangsläufig in Konflikt mit der dogmatischen Starrheit und fehlenden Dialogfähigkeit.

Bevor Lama Govinda mit dem New-Age-Trend konfrontiert wurde, östliche Weisheit durch westliche Wissenschaft, vor allem Physik, als ‚bewiesen‘ anzusehen, äußerte er sich mit klaren Worten über die Grenzen der wissenschaftlichen Beweisbarkeit von Religion. Das Wesen von Wissenschaft bestand für ihn in der Deduktion von Einsichten aus der Sinnenwelt, während Religion unmittelbares Gewahrwerden seelischer Wirklichkeiten war. Daher war letztere eher mit der Kunst als mit der Wissenschaft verwandt. Religion wurzelte von ihrem Wesen her in der Einheit, Wissenschaft zielte bestenfalls auf die Vereinheitlichung der Vielfalt. „Wissenschaftliche Methodik und religiöses Erleben gehören zwei gänzlich verschiedenen Ebenen an.“[7] An späterer Stelle präzisiert Lama Govinda im gleichen Buch noch einmal seine Überzeugung:

„Die Wahrheit einer Religion oder Weltanschauung kann nie der Gegenstand eines Beweises sein – ebensowenig wie die Existenz oder Nichtexistenz eines Gottes. Ein bewiesener Gott wäre ein endlicher Gott und somit seiner Göttlichkeit entkleidet. Ebenso wäre eine Religion, die sich beweisen ließe, ihres Unendlichkeitscharakters und somit ihres religiösen Wertes beraubt.“[8] Hier zeigt Lama Govinda die entscheidenden Grenzen des Dialoges zwischen Religion und Wissenschaft auf. Bleibt zu hoffen, dass seine Hinweise Beachtung finden und die Versuche, die Erleuchtung eines Buddha oder Christus mittels der Quantenmechanik zu erklären, keine Fortsetzung finden.

Gleich wertvoll wie seine Hinweise über die Verschiedenheit von Wissenschaft und Religion sind seine Gedanken über den Dialog zwischen Ost und West. Wer wäre mehr dazu berufen, über einen Brückenschlag zu sprechen, als der in Deutschland geborene, in Indien lebende und in Amerika sterbende Weltbürger Lama Anagarika Govinda.

„Der Osten entdeckte die ewige Wiederkehr derselben Bedingungen und ähnlicher Ereignisse. Der Westen entdeckte den Wert der Einzigartigkeit jedes Ereignisses und jeder existentiellen Situation. Der Osten hielt seinen Blick auf den kosmischen Hintergrund gerichtet; der Westen auf den individuellen Vordergrund. Das vollständige Bild aber vereint Vordergrund und Hintergrund, indem er beide zu höherer Einheit verschmilzt. Das vollständige Menschenwesen – der Mensch, der heil (oder ganz) geworden ist (und den wir darum einen Heiligen oder, im höchsten Sinne, einen Heiland nennen), ist ein Mensch, der das Universelle mit der individuellen Einzigartigkeit des Augenblicks vereint, in dem sich die zyklische Wiederkehr der Konstellationen und der existentiellen Situationen wiederholen."[9]

Es kam und kommt also darauf an, nicht kritiklos und schwärmerisch die Seiten zu wechseln, sondern in bewusster Synthese scheinbar Getrenntes im eigenen Inneren zur Synthese zu führen. Es kam und kommt darauf an, wie der englische Benediktiner Bede Griffiths es vor seiner Abreise nach Indien formulierte, die „andere Hälfte seiner Seele zu finden". Tauscht man einfach nur die eine Welt gegen die andere, so fehlt auch weiterhin eine Hälfte. „Nur derjenige, der in voller Erkenntnis und Anerkennung seines westlichen Erbes das Erbe des Ostens durchdringt und in sich aufnimmt, kann die höchsten Werte beider Welten gewinnen und ihnen gerecht werden. Denn Ost und West sind die zwei Hälften des menschlichen Bewusstseins, vergleichbar den zwei Polen eines Magneten, die sich gegenseitig bedingen und ergänzen und nie getrennt werden können."[10]

Um diese innere geistige Wiedervereinigung herzustellen, bedurfte es eines reifen, geläuterten Charakters. Nur wer aus den Tiefen beider Welten gleichermaßen und gleich tief schöpfen konnte, vermochte den Brückenschlag zwischen Ost und West herzustellen. Wer dies nicht vermochte, geriet möglicherweise in eine bedenkliche ‚seelische Schieflage'. So konnte Lama Govinda dem XVI. Karmapa, trotz aller persönlicher Wertschätzung, nicht nachfolgen, wenn er westlichen Anfängern bereits nach kurzer Zeit Initiationen in den tibetischen Buddhismus erteilte, die Govinda als Verteilung von „Sadhanas wie Süßigkeiten" bezeichnete, obwohl den Menschen dafür die Grundlage fehlte.

„Da läßt man Menschen, die die Grundlagen des Buddhismus noch nicht kennen, ahnungslos auf tibetisch die vierfache Zuflucht sprechen und erklärt sie zu Buddhisten und verteidigt das mit der Erklärung, es sei ein Segen, der sich in einer der künftigen Geburten auswirkt. Die Lamas und ihre Anhänger mögen das auch glauben, und ich zweifle nicht daran, daß sie von Herzen etwas Gutes zu tun wünschen. Aber es ist blinder Glaube und fördert niemanden. Sie müssen begreifen lernen, daß wir im 20. Jahrhundert leben und hier in der westlichen Welt eingebunden sind in eine hochtechnisierte Zivilisation. Als Padmasambhava nach Tibet kam, mußte er von der indischen Kultur auf die tibetische umschalten, und eben das gleiche muß nun auch hier geschehen."[11]

Dieser Prozess ist sicher kein einfacher, zumal ein gewisser Überschwang beim Kennenlernen einer anderen Spiritualität nicht ungewöhnlich ist und zudem ja auch motivierend wirken kann. Trotzdem bleibt Lama Govindas Ermahnung im vollen Umfang auch für das 21. Jahrhundert bestehen. Wer aus einer anfänglichen Euphorie heraus von einem Geisteskosmos in den nächsten wechselt, wird möglicherweise als gestrandeter Weltenwanderer am Rande des Universums enden. Von dort wird er dann neue Orientierung suchen müssen. Auch in diesem Fall scheint der Hinweis des Buddha nach dem „mittleren Pfad" mehr als angemessen zu sein.

Als Lama Govinda die deutsche Ausgabe seines Meisterwerkes *Schöpferische Meditation und multidimensionales Bewusstsein*[12] veröffentlichte, stellte er dieser ein Vorwort voran, das fast den Charakter eines Bekenntnisses hatte. Er verfasste dieses Vorwort für sein Buch, doch es könnte auch als Nachruf auf sein Leben stehen; und in dieser Weise soll es daher die vorliegende Biographie abschließen, indem „Buch" durch „Leben" ersetzt wird.

„So hoffe ich denn daß dieses Leben [im Orig. „Buch"] ein Brückenschlag zwischen diesen beiden Welten werden möge [...] Es möge ein Ansporn sein, der auch andere anregt, die Brücke in beide Richtungen zu überqueren. In keinem Fall aber soll es irgendjemanden veranlassen, von der einen zur anderen Seite zu konvertieren. Es soll vielmehr andere ermutigen, die Forschungen, mit denen ich mich befaßte, fortzusetzen - nicht um einer Endlösung willen, sondern allein aus der Freude, die jenem Gefühl und jener inneren Gewißheit entspringt, daß dem geistigen Entdeckungsdrang eines schöpferischen Lebens kein Ende gesetzt ist und daß der Akt des Fortschreitens seinen eigenen Lohn in sich trägt. Denn wie bei einer Pilgerreise gilt auch hier, daß das Gehen wichtig ist und nicht das Ankommen! Hier hat jeder Schritt seine ihm eigene Bedeutung - hat seinen eigenen Sinn, der uns mit Freude erfüllt. Doch besagt das nun nicht, daß wir weder Ziel noch Richtung haben sollen: Wenn unser Ziel ein der höchsten Wirklichkeit entsprechendes und erhabenes ist, dann ist seine Erfüllung jeder Schritt, der uns ihm näher bringt: Der Weg selbst wird zum Ziel!"[13]

1   Vgl. zum vorliegenden Artikel das Buch Peter Michel: *Die großen Wegweiser: Lama Anagarika Govinda*. Grafing 1999, S. 91-97

2   Lama Anagarika Govinda: *Lebendiger Buddhismus im Abendland*. München 1986, S. 27

3   Govinda, *Lebendiger Buddhismus*, S. 13 f

4   Govinda, *Lebendiger Buddhismus*, S. 86

5   Lama Anagarika Govinda: *Buddhistische Reflexionen*. München 1983, S. 40

6   Govinda, *Reflexionen*, S. 43

7   Govinda, *Reflexionen*, S. 44

8   Govinda, *Reflexionen*, S. 53

9   Lama Anagatika Govinda: *Schöpferische Meditation und multidimensionales Bewusstsein*. Freiburg im Breisgau 1977, S. 124

10 Govinda, *Schöpferische Meditation*, S. 124

11 Lama Anagarika Govinda: *Das Buch der Gespräche*. München 1992, S. 169 f.

12 Die Neuausgabe des Buchs trägt den Titel *Buddhistische Wege in die Stille* (Grafing 2007).

13 Govinda, *Schöpferische Meditation*, S. 11

Vor dem Dresdner Zwinger | 1965

VOLKER ZOTZ

ANAGARIKA GOVINDA
UND SACHSEN

Gibt es so etwas wie ein besonderes sächsisches Interesse an Asien? Würde man an solche regionalen Spezifika glauben, ließen sich leicht Belege finden, dass von Sachsen schon lange, bevor es zum östlichsten Land der heutigen Bundesrepublik wurde, intensiver nach Osten geblickt wurde als aus anderen Regionen. Als erster Staat Europas nahm es das sächsische Kurfürstentum im frühen 18. Jahrhundert mit China auf und produzierte in Meißen Porzellan. In den 1850er Jahren arbeitete der Leipziger Richard Wagner an seiner nie vollendeten Oper *Die Sieger*, deren Held der Buddha ist. Heinrich August Jäschke aus Herrnhut wirkte ab 1857 im Himalaja und schuf ein bis heute benutztes Wörterbuch der tibetischen Sprache. Gustav Hermann Krumbiegel, ein Gärtner aus Lohmen, trat 1893 in den Dienst eines Maharadschas und verwandelte das südindische Bangalore in eine Gartenstadt. Um viele weitere Namen könnte man die historische Liste von Sachsen mit direkten oder projizierten Beziehungen zu Kulturen des asiatischen Kontinents fortsetzen.

Auch in Waldheim träumte man von Asien. Als ein anderer Sachse, Karl May, hier von 1870 bis 1874 im Zuchthaus saß, musste er, wie er in seiner Autobiografie notierte, „alle Sorten von Zigarren fertigen, von der billigsten bis zur teuersten." Dabei plante er wohl schon einige der Abenteuer, die er als Kara Ben Nemsi im Osten erleben würde und deren Imaginationen er später niederschrieb. Erst 1899 brach Karl May tatsächlich zu einer Reise nach Asien auf, die ihn bis Ceylon und Malaysia führte.

Ernst Lothar Hoffmann, Sohn eines der Waldheimer Zigarrenfabrikanten, wurde im Jahr vor Mays Asienreise geboren. 1928, etwa drei Jahrzehnte nach May, betrat er die Insel Ceylon, blieb auf Dauer auf dem indischen Subkontinent und stattete Europa erst nach drei Jahrzehnten wieder einen ersten Besuch ab.

Seine Geburtsstadt Waldheim war schon als Kind und Jugendlicher für Ernst Hoffmann nicht der einzige Ort mit Bedeutung. Seine Mutter starb bei der Geburt des Bruders Hans-Joachim, als Ernst drei Jahre alt war. Viel Zeit verbrachte er darum schon in jungen Jahren bei einer Tante in Kassel, die sich um ihn kümmerte, und in einer Internatsschule in Thüringen.

Betrachtet man den Werdegang des späteren Anagarika Govinda im Mittelmeerraum 1920-1928, auf Ceylon ab 1928, ab 1931 in verschiedenen Regionen Indiens und in die letzten Lebensjahren in Kalifornien, möchte man meinen, dass er seinen Geburtsort aus dem Auge verlor.

Doch das Gegenteil war der Fall. Mit Waldheim verbanden ihn, auch nachdem er Deutschland verlassen hatte, Angehörige wie der Vater August Hoffmann und die Brüder Oscar und Hans-Joachim, deren Ehepartner und Nachkommen. Über alle Stationen seines Wegs blieb Govinda, soweit die Umstände dies erlaubten, mit der Waldheimer Familie in Kontakt. Die umfangreiche Korrespondenz, die ihn mit seinem Geburtsort verband und sich im Archiv der Lama und Li Gotami Govinda Stiftung befindet, könnte einen dicken Band füllen.

MIT SEINEN BRÜDERN HANS-JOACHIM UND OSCAR | 1965

Govinda hielt die Familie über seine Erfahrungen und Tätigkeiten auf dem Laufenden. Seine Reisen, literarischen Projekte und künstlerischen Aktivitäten waren dabei ebenso Themen wie die oft schwierigen wirtschaftlichen Verhältnisse Govindas in Indien. Er ließ sich seinerseits über die Jahre vom Werdegang der Angehörigen berichten.

Anfänglich signalisierte der Vater deutliches Unverständnis über den nach Asien ausgewanderten Sohn, der exotische Namen und Titel annahm, unter denen er brotlosen Aktivitäten nachging, die mit den Vorstellungen dieser Familie Gewerbetreibender kaum in Einklang zu bringen waren. Schwerlich dürfte der Vater 1928 mit Stolz den Nachbarn und Freunden von seinem Sohn erzählt haben: „ Ernst nennt sich jetzt Govinda, lebt mit buddhistischen Bettelmönchen, schreibt Gedichte und malt Pastelle." Eher scheint man außerhalb des Kreises der Familie und näherer Verwandter über das unverständliche Treiben des Sohnes geschwiegen haben.

Govinda verfolgte offenbar die Strategie, nach Waldheim ausführlich über seine Erlebnisse, Reflexionen und Vorhaben zu berichten, um dadurch Vorurteile über den von ihm gewählten Weg aufzuweichen. Am 30. April 1931 schrieb er aus einem tibetischen Kloster in Nordindien:

„Nun sitze ich also wieder in meinem Kloster auf weltabgeschiedener Höhe. Die Täler zu unseren Füßen sind so tief, daß wir selten ihren Boden erblicken; meist sind wir durch Wolken von ihnen getrennt. In den Morgenstunden grüßt uns die Eispyramide des Kanchenchunga, des zweithöchsten Berges der Erde. Man glaubt ein Gebilde aus einer anderen Welt zu erblicken, wenn man plötzlich am Himmel den krystallenen Gipfel dieses majestätischen Berges aufleuchten sieht. Er scheint frei im Äther zu schweben, ohne jede Verbindung mit der Erde, da die unteren Regionen meist unsichtbar sind. Der Berg ist ein Symbol Tibets, dieses geheimnisvollen Landes, das trotz Sven Hedin und anderen noch unentdeckte ist, weil alle diese Leute nur auf der Oberfläche herumgekrochen sind. Aber hat schon je ein Europäer unter gebildeten Tibetern gelebt oder in tibetanischen Klöstern; oder hat je einer der westlichen Tibetforscher in einer der großen tibetischen Universitäten studiert? Ich glaube, dass wir in Zukunft noch manche Überraschung betreffs Tibet erleben werden, und ich hoffe meinen Teil beizutragen in der Bekämpfung des Unsinns, der in der Welt über Tibet verbreitet ist. Was ich jetzt schon an tibetischer Kunst gesehen habe genügt, um mich von der geistigen Kultur dieses Landes zu überzeugen. Die religiösen Gebräuche, über die man gelächelt hat, sind voll tiefer Symbolik und von vollendeter Schönheit."

Diesen Zeilen folgen Beschreibungen eines Tempels mit seinen Statuen und Riten. Die neuen Vorhaben des Sohns im tibetischen Kulturraum werden in Waldheim kaum zur Beruhigung beigetragen haben. Tibet hatte in den frühen 1930er Jahren alles andere als einen guten Ruf. Es galt als rückständig und im Unterschied zu China oder Japan von keinem herausragenden kulturellen Interesse. Abgesehen von einigen Okkultisten, die auf dem Dach der Welt besondere Geheimnisse vermuteten, war die Himalaja-Region in Europas öffentlicher Meinung hauptsächlich für Alpinisten von Belang, die dort beachtete Leistungen erbringen konnten. Doch ein solcher war Govinda nicht. Vielmehr wirft im Brief ein Aspekt seiner künftigen Identität einen Schatten voraus, der in der Familie dasselbe Kopfschütteln ausgelöst haben mag wie schon jene als Anagarika: „Ich werde hier dem Range nach als Lama betrachtet und mit großer Zuvorkommenheit behandelt."

Am 12. September 1931 meldete Govinda an „Mein liebes Väterchen" in Waldheim, dass er den Literatur-Nobelpreisträger Rabindranath Tagore kennenlernte, der ihn einlud, an seiner Universität in Śāntiniketan tätig zu werden. „Ihr könnt Euch denken, welche Freude es für mich war, mit einem Mann wie Tagore in persönliche Beziehung zu treten!" Begeistert schilderte

Mit Li im Familienkreis in Waldheim | 1965

er der Familie die Situation an Universität. Der Kontakt mit einer auch in Deutschland hoch geachteten Persönlichkeit und die neue Stellung an deren Universität mögen ihren Eindruck nicht verfehlt haben. Doch schon wenige Wochen später, am 31. Oktober 1931, gab Govinda wieder Anlass zur Sorge: „Ich liege mit schwerer Malaria (täglich 40-41° Fieber!)."

So waren der Vater August, die Brüder Oscar und Hans-Joachim sowie andere Mitglieder der Familie in oft nur kurzen Abständen über Govindas Freunden und Leiden unterrichtet. Sie erhielten Naturschilderungen und kulturelle Aufschlüsse aus unterschiedlichen Gegenden Indiens. Govinda schickt seine Veröffentlichungen und auf Wunsch auch indische Briefmarken und Münzen.

Die Peinlichkeit, die der aus der Art geschlagene Angehörige anfänglich darstellte, scheint bei der Familie im Lauf der Jahre und Jahrzehnte zunächst dem Gefühl der Bereicherung gewichen zu sein, an einem außergewöhnlichen Leben im fernen Asien teilzuhaben, um dann zum Stolz über den in der weiten Welt geachteten Verwandten zu führen.

Am 1. Dezember 1932 schreibt er einen langen Weihnachtsbrief nach Waldheim, der auch einen Aufenthalt im Königreich Sikkim beschreibt. Wie in vielen anderen Briefen vorher und nachher, drückt er seine Sorge über die Entwicklungen in seiner ursprünglichen Heimat aus: „Es muss wirklich kein Genuss mehr sein, in Deutschland zu leben, nach allem, was ich von euch und durch die Zeitungen erfahre. Man hat scheinbar nur die Wahl zwischen kommunistischem Pöbel und Hitlerschem Mordgesindel. Aber die traurige wirtschaftliche Lage, die in Wirklichkeit alles beherrscht, wird wohl beiden den Mund stopfen." Als Weihnachtsgabe schickt er „eine handgefertigte tibetische Dose mit den acht Glückszeichen" nach Waldheim, deren Symbolik er im Brief erklärte.

Am 29. April 1933 berichtet er von Vorbereitungen zu seiner Reise nach Ladakh, „um die weltabgeschiedenen Klöster des Transhimalaya, die meines Wissens noch kein Deutscher betreten hat, zu besuchen und die dortigen Verhältnisse zu studieren. Ich hoffe eine Menge neues u. einzigartiges Bildmaterial von dort mitzubringen und vielerlei wertvolles zu erfahren. Tibet ist eine Schatzkammer uralter Traditionen, und was wir von seinem inneren Leben u. seiner Kultur wissen, ist so gut wie nichts. Die Gelehrten haben sich bisher nur für alte Trümmer und verstaubte Pandekten interessiert, aber sich keinen Pfifferling um da gegenwärtige Leben, um die lebendige Gegenwart, gekümmert. Was dabei herauskam, war dann auch so trocken und ledern, daß es keinen normalen Menschen begeistern konnte. Diesem Übelstand ist nur dadurch abzuhelfen, daß man mit den Menschen, deren Geistesleben man erforschen will, als ihresgleichen zusammenlebt. Ich werde daher als einfacher ‚Lama' reisen, wie es ja auch meinen beschränkten Mitteln angemessen ist."

Die Familie blieb in den 1930er Jahren über Govindas Aktivitäten auf dem Laufenden, wie dieser über die wesentlichen Vorgänge in Waldheim informiert wurde. Dann bereiteten zunehmende Spannungen zwischen Deutschland und Großbritannien dem Kontakt ein Ende. Mit dem britischen Eintritt in den Zweiten Weltkrieg gehörten die Familie in Waldheim und Govinda, der 1938 die britisch-indische Staatsangehörigkeit erhielt, offiziell verfeindeten Nationen an. Mit Govindas Internierung von 1940 bis 1945 gab es endgültig keine Möglichkeit mehr, voneinander zu hören.

Die Korrespondenz konnte erst nach dem Krieg wieder aufgenommen werden, um dann, bis Govinda 1985 starb, in der ursprünglichen Regelmäßigkeit zu erfolgen. Nach dem Tod des Vaters hatte von Waldheimer Seite hauptsächlich der Bruder Hans-Joachim das Schreiben übernommen, ab 1982 seine Witwe Ellen.

Govinda ließ die Familie wieder an seinen Erfolgen in der Ferne teilhaben und führte sie so über den eigenen Alltag hinaus, was dankbar quittiert wurde. Am 26. April 1953 berichtete er über eine Konferenz in Sanchi, an der er und seine Frau Li als Gäste der indischen Regierung teilnahmen: „Von Sanchi aus folgten wir einer Einladung nach Gwalior, wo wir im Haus der Rani (einer Angehörigen des Fürstenhauses von Gwalior) wahrhaft fürstliche Gastfreundschaft genossen. Wir verbrachten dort eine Woche in einem Wirbel gesellschaftlicher Ereignisse, sodaß wir die gesamte ‚haute volée' von Gwalior trafen und alle Sehenswürdigkeiten und kulturellen Institutionen Gwaliors zu sehen bekamen. Wir begegneten überall solchem Interesse, daß ich in der ‚Cultural Society of Gwalior' einen Vortrag über Tibet halten mußte und wir mehr oder weniger versprechen mußten, für weitere Vorträge und Ausstellungen unserer Bilder bei Gelegenheit nach Gwalior zurückzukommen."

In Waldheim war Govinda nach dem Tod des Vaters unter anderem Miterbe des Elternhauses geworden und besaß dort Eigentum. 1954 verlangten die DDR-Behörden zu Klärung seiner Verhältnisse zum zweiten Mal einen Nachweis seiner indischen Staatsbürgerschaft. Govinda bat den Bruder um Hilfe:

„Aber um Himmels willen mach es Euren Behörden klar, daß ich nicht in der Lage bin, extra nach Bombay zu reisen, um das bereits gelieferte Dokument meiner indischen Staatsangehörigkeit noch einmal ausstellen zu lassen. Wenn sie das Dokument verloren haben, so ist das nicht meine Schuld. [...] Da eure Behörden mich alle diese Jahre als indischen Staatsangehörigen anerkannt haben, kann ich nicht einsehen, was eine Wiederholung desselben Dokumentes für einen Sinn haben soll. Da ich ohnehin aller Rechte an meinem Eigentum beraubt bin, ist es wohl kaum nötig einen obendrein noch zu schikanieren."

1960 verließ Govinda das erste Mal nach drei Jahrzehnten Asien und trat nach der Einladung zu einer Konferenz nach Italien eine Europareise an. 1965, 1968 und in den 1970er Jahren folgten weitere Reisen nach Europa. Dies erlaubte den Mitgliedern der Familie wiederholte Zusammentreffen in Waldheim und im Osten Berlins.

Als Govinda sich 1965 mit seiner Frau in Waldheim aufhielt, gab es Zeit für ausführliche Gespräche im Familienkreis. Er besuchte das Grab seiner Eltern auf dem Waldheimer Friedhof und verschiedene Orte Sachsens. Ein Foto seiner Frau Li zeigt ihn von hinten in voller Gewandung beim Betrachten des nach den Zerstörungen des Zweiten Weltkrieges wieder aufgebauten Dresdner Zwingers. (Abb. S. 98)

Weil die bürokratischen Umstände nicht immer Besuche in Waldheim erlaubten, wich man auch auf Berlin aus. Am 3. Dezember 1974 schrieb Hans-Joachim: „Wie Ihr uns mitteilet seid Ihr wieder auf einer Weltreise, die Euch über Japan nach San Francisco und New York führt. Hoffen wir, daß Eure Rückreise über Bundesrepublik, DDR nach Waldheim führt. In unserem Alter sollte man jede Gelegenheit wahrnehmen sich zu sehen. Wir wünschen uns sehr, dass Ihr nach Waldheim kommt, jedoch müssen wir es 5 Wochen vorher wissen, um die Erlaubnis der Einreise für Euch einzuholen, sonst bleibt nur DDR-Berlin, wie letztens."

1977 besuchten Hans-Joachim und Ellen, die im Pensionsalter aus der DDR ausreisen durften, eine Ausstellung von Gemälden Govindas und wünschten sich, dass sein Bruder und Li Gotami wieder nach Waldheim kommen: „Mit dem Auto können wir Euch an die Orte fahren, die Ihr gern sehen wollt, z. B. die Gemälde-Galerie, Dresden, und Landesbibliothek, Dresden, in der wir auch Bücher von Dir fanden." (Brief vom 26. September 1977)

Der Diplom-Ingenieur Hans-Joachim war stolz auf die „so erfolgreiche und unermüdliche geistige Tätigkeit" seines Bruders (Brief vom 4. Oktober 1977). Er bewahrte alle Zeugnisse aus der Kindheit Govindas auf und ergänzte diese

Sammlung um alles, was er später an Büchern und Material von Govinda und aus anderen Quellen erhielt. Er hoffte, einen Autor zu finden, der aus all dem ein Buch über seinen „Erni", wie er ihn bis zuletzt nannte, schreiben würde. Das Vorhaben ließ sich in der DDR nicht verwirklichen.

Mit Li im Familienkreis in Waldheim | 1965

FRANÇOIS MAHER PRESLEY

ANAGARIKA GOVINDAS GEBURTSSTADT WALDHEIM

Die Bezeichnung „Waldheim in Mittelsachsen" ist Programm, liegt die sächsische Kleinstadt – mit heute etwa 10.000 Einwohnern – tatsächlich inmitten
des ostdeutschen Bundeslandes Sachsen, – fast exakt zwischen Dresden, Leipzig und Chemnitz, an der Zschopau, aber eben auch an der „Salzstraße", die
schon im Mittelalter die Salzkarawanen nach Prag führte und somit aus dem
1198 erstmals namentlich erwähnten Ort „Waldheim" 1286 die Stadt Waldheim werden ließ. Schon 1271 wurde die dortige Burg erwähnt, die sich im
Laufe vieler Jahrhundert unterschiedlicher Nutzungen erfreute und noch
heute einen dominanten und nicht wegzudenkenden Teil der Stadt darstellt.

Aus der damaligen Burg wurde 1405 ein Kloster, und mit der in Sachsen spät
und in Waldheim noch später statt gefundenen Einführung der Reformation
1537, nahte das Ende des Klosters, das 1549 schließlich aufgehoben wurde.
Aus der ehemaligen Burg, dann dem Kloster, wurde unter Kurfürst Christian
I. (1560-1591) ab 1588 ein Schloss. Er ließ die Anlage ausbauen und später – um
1611 – diente sie Sophie Kurfürstin von Sachsen (1568-1622) als Witwensitz.
Sie begann, damals nicht unüblich, unter dem Dach der Schlosskirche – heute
übrigens der Sportraum der Gefangenen – eine Kräutersammlung aufzubau-

en, man könnte sagen, – eine Art Apotheke. Sachsen war historisch und weltweit immer ganz vorn, wenn es um die Entwicklung ging und galt damals schon als ein Zentrum der pharmazeutisch-chemischen Forschung und Lehre in Deutschland. Im Kern ging es bei der Sammlung der Kurfürstin erst einmal um „Drogen", Heilkräuter und Gewürze. Obwohl mit ihrem Tod 1622 diese Art der Apotheke in Vergessenheit geriet, so wurde bereits 1671 von Johann Christoph Grabner, mit Genehmigung des Rates der Stadt, eine öffentliche Apotheke in Waldheim eingerichtet, die noch heute – wenngleich an einem etwas anderen Platz der kleinen und historischen Innenstadt – existiert. Von einem Apotheker wird noch später die Rede sein, dessen Erfindung der Stadt ein Alleinstellungsmerkmal verlieh, zudem eine Erfindung, die noch heute „in aller Munde" ist.

Über 100 Jahre später erweckte das baufällige Schloss die Aufmerksamkeit des Kurfürsten Friedrich August I. von Sachsen (1670-1733), der ab 1697 – in Personalunion als August II. – Staatsoberhaupt von Polen-Litauen war, auch bekannt als August der Starke, der es nicht allein sanieren, sondern insbesondere zu einem Zucht-, Armen- und Waisenhaus umwandeln ließ. August tat das nicht aus sozialen Aspekten heraus. Er wollte lediglich die Armen und Waisen von der Straße bekommen, Ordnung machen und bei der Gelegenheit auch ein Bleibe für die Kriminellen seines Reiches schaffen. Noch heute steht das Schloss – zwischenzeitlich um diverse Neubauten erweitert, zudem ausbruchssicher – und dient dem Land Sachsen als Justizvollzugsanstalt, gilt in Deutschland als das älteste, sich noch in Betrieb befindliche Gefängnis überhaupt. Ausgerechnet in diesem Gefängnis saß einmal einer der heute bekanntesten deutschen Schriftsteller ein, damals berüchtigt, aber fürs Schreiben noch nicht bekannt. Es handelt sich um Carl Friedrich May, auch Karl May (1842-1912). Er ist laut der UNESCO einer der am häufigsten übersetzten deutschen Schriftsteller überhaupt. Die weltweite Auflage seiner Werke wird auf 200 Millionen Exemplare geschätzt, – allein in Deutschland auf 100 Millionen. Das ist natürlich eine ganz und gar unvorstellbare Größenordnung. Erst einmal jedoch saß er von 1870 bis 1874 in Waldheim im Zuchthaus, da er rechtskräftig wegen Diebstahls, Betrugs und Hochstapelei zu vier Jahren „Arbeitshaus" verurteilt worden war, die er im Arbeitshaus Schloss Osterstein in Zwickau verbüßte. Die „Hochstapelei" sollte später für ihn noch zur Kunstform avancieren. Wegen guter Führung wurde er ein halbes Jahr früher entlassen, kam jedoch wieder auf Abwege. Man erwischte ihn erneut, und er floh während eines Gefangenentransportes. Zuletzt aber landete er in Sachsen, namentlich in Waldheim. Nach den dortigen Jahren begann May – offenbar geläutert – mit der Schriftstellerei und einer sagenhaften Weltkarriere, was sicher nicht als Werbung für den Besuch der Anstalt zu verstehen ist, aber eben zeigt, dass man für dasselbe Vergehen (Hochstapelei) in unserer Welt einmal bestraft, einmal verehrt werden kann.

Viel bekannter wurden Schloss und Waldheim jedoch durch die unsäglichen „Waldheimer Prozesse", die hier vom 21. April bis zum 29. Juni 1950 in dem dortigen Ratssaal des schönen Jugendstil Rathauses stattfanden. Die verantwortliche Richterin war Hilde Benjamin. 3.442 Personen standen vor Gericht, denen Kriegs- bzw. nationalsozialistische Verbrechen vorgeworfen wurden. 3.324 Angeklagte erhielten überwiegend Freiheitsstrafen von 15 bis 25 Jahren. 1.327 Mal erging ein Urteil wegen behaupteter Verbrechen gegen die Menschlichkeit. Bekannt machten die Prozesse nicht allein die Massenverurteilungen im Schnelldurchgang, sondern insbesondere auch die schwerwiegenden Verstöße gegen grundlegende rechtsstaatliche Regeln; mehrheitlich waren keine Rechtsbeistände zugelassen. Die SED überwachte die Prozesse, deren Verlauf ihren Vorgaben entsprach. Zuletzt wurden 32 Todesurteile ausgesprochen, davon 24 am 4. November 1950 durch Erdrosselung – durch Volkspolizisten im Offiziersrang vollstreckt. Sieben der Verurteilten erlangten eine Begnadigung, zwei von ihnen starben vor der Vollstreckung. Tausende erhielten hohe Haftstrafen, darunter der 14jährige Walter Jurisch (1931-2010), der beschuldigt wurde „...durch seine Tätigkeit in der Hitlerjugend und dem Werwolf die NS-Gewaltherrschaft gefördert und nach dem 8. Mai 1945 den Frieden des deutschen Volkes gefährdet" zu haben.

Für die Stadt ist das Gefängnis aber heute noch ein wirtschaftlicher Segen, und Wirtschaft spielt für die Stadt und ihre Geschichte bis heute eine große Rolle.

Waldheim war auch politisch nicht uninteressant, denn seine Lage – an den damaligen Handelswegen – rückten es oft in den Mittelpunkt von Geschehnissen, die im eigentlichen Sinne mit der Stadt und deren Wohl nur wenig zu tun hatten. Ab dem 25. April 1813 marschierte Bonaparte von Erfurt durch das damalige Sachsen und am 25. Oktober 1813 zurück und von Erfurt nach Frankreich. Während dieser Zeit führte er mehrere Schlachten. Am 2. Mai siegten seine Truppen in der Schlacht bei Großgörschen. Die Armeen der Russen und Preußen waren damit jedoch nicht zerschlagen. Sie zogen sich nach Waldheim zurück, überquerten die Zschopau und brannten die Zschopaubrücke nieder, um den Franzosen ein Nachrücken zu erschweren. Die Verbündeten führten allein etwa 4.500 Verwundete bzw. Kranke mit sich, die sie im Waldheimer Kornhaus von den Einheimischen pflegen ließen. Anschließend zogen sie in Richtung Nossen weiter, und am 6. Mai 1813 rücke Napoléon mit seinen Truppen in Waldheim ein. In seinem Gefolge waren 15 Marschälle und Generäle, über 400 weitere Offiziere, fast 3.000 Unterführer, Mannschaften, Bedienstete und etwa 600 Pferde, diverse Kutschen, Wagen und Kanonen. Eigentlich war geplant, dass man im Schloss Quartier beziehen sollte, doch lehnte der hohe Gast das wegen der vergitterten Fenster des damaligen Zucht-, Armen- und Waisenhauses ab, wusste er doch nicht, wie ihm die Wärter beim verlassen Wollen der „Herberge" mitgespielt hätten. So wurde ihm das 1811 errichtete

Haus des Tuchmachers Riehle als Quartier überlassen. Das im Volksmund auch als „Napoléonhaus" bezeichnete Gebäude beheimatet heute das Museum Waldheims, in dem auch die Arbeiten des aus Waldheim stammenden Bildhauers Georg Kolbe ausgestellt sind.

Nachdem Russen und Preußen ihre Truppen reorganisiert hatten, trafen die gegnerischen Parteien am 21. und 22. Mai des selben Jahres wieder aufeinander. Erneut siegten Napoléons Truppen, doch wurden Russen und Preußen wieder nicht entscheidend geschwächt. In der Schlacht bei Dresden am 26. und 27. August errang der Kaiser seinen letzten großen Sieg. Russen und Preußen konnten sich nur unter erheblichen Verlusten nach Böhmen absetzen. Seine Siegesserie nahm dann allerdings in der Völkerschlacht bei Leipzig vom 16. bis 19. Oktober ein jähes Ende. Er erlebte eine schwere Niederlage und kehrte nach Frankreich zurück. In Waldheim ist ein Stein zu seinem Andenken zurückgeblieben und zwar an jener Stelle, von der aus er angeblich seine Truppen im Auge behielt, während sie die Zschopau überquerten.

Die Vorreiterschaft Sachsens in Deutschland aber auch Europa ging noch weiter und bezog auch regelmäßig Waldheim mit ein, so zum Beispiel als 1835 die erste Fernreisebahn Deutschlands zwischen Leipzig und Dresden eröffnet wurde. Dieser Quantensprung in der Fortbewegung führte erst einmal zu großen Ängsten. Man befürchtete gar gesundheitliche Schäden. Dennoch wissen wir, hat sich die Bahn, neben den Flüssen, als wichtigstes Transportmittel für Menschen und Güter durchgesetzt, und bereits 1844 erhielt die Erzgebirgische Eisenbahngesellschaft die staatliche Erlaubnis zum Bau einer Linie von Chemnitz nach Riesa, die dann 1847 mit der ersten Fahrt von Riesa nach Großbauchlitz bei Döbeln eröffnet wurde. Für Waldheim wurde der Anschluss an diese Entwicklung zudem auch noch das größte Arbeitsbeschaffungsprogramm, das die Stadt je erlebt hatte. Alle möglichen Wege in die von 13 Hügeln umgebene Stadt jedoch erwiesen sich als zu kompliziert, zu lang oder auch – im späteren Unterhalt – zu teuer, hätte man die Züge an manchen Stellen mit einem Seilbetrieb tatsächlich bergauf- und bergab ziehen müssen. Es kam zu der sehr viel teureren, aber dafür – besonders für uns heute – um so schöneren Lösung, nämlich Viadukte zu bauen und zwar keine Holzbrücken, sondern zwei Bauten aus Stein. Eines steht vor dem höher und außerhalb der damaligen Stadtgrenzen gelegenen Bahnhof, der Diedenhainer Viadukt (Bauzeit 1846-1852). Er ist 52 Meter hoch, 153 Meter lang und besteht aus zwei großen und sich darüber befindlichen 13 kleineren Bögen. Der Heiligenborner Viadukt steht auf 12 Pfeilern, auf denen sich 36 kleinere Bögen befinden. Er hat eine Höhe von 41 und eine Länge von 210 Metern und wurde ebenso 1852 fertiggestellt. Die Pfeiler und Bögen und deren Anordnung machen das Besondere dieser Bauwerke aus. Obwohl die Viadukte alt sind und unter Denkmalschutz stehen, sind sie noch heute zuverlässige Bestandteile des Güter- und Personenverkehrs. Die Bahngesellschaft jedoch, welche die hohen Investitionen für die Bauten tätigen musste, meldete Konkurs an. Oft gilt der Prophet eben nichts im eigenen Land.

Zurück zu den Drogen, den Kräuter- und Gewürzsammlern. Der Waldheimer Apotheker Adolf Heinrich August Bergmann war der Erfinder der Zahnseife, der Vorläuferin der Zahncreme. Dieses Zahnpflegemittel wurde anfänglich aus Seife hergestellt. 1852 gründete er eine kleine Seifenfabrik. 1889 wurde die Waldheimer Parfümerie und Toilettenseifenfabrik ins Handelsregister eingetragen, als einer der ersten Kosmetikbetriebe in Deutschland überhaupt. Und nach den ersten 50 Jahren des Bestehens konnte man auf ein stolzes Sortiment von etwa 800 Artikeln blicken. Allein in Waldheim beschäftige die Gesellschaft bis zum 50. Firmenjubiläum 75 Mitarbeiter, und bis 1928 belieferte man von dort fast ganz Europa, Nord-, Südamerika und Südafrika. Die Zahnreinigungsmittel blieben aber der Kern der Produktion während und über die Weltwirtschaftskrise hinaus.

Wenngleich bereits 1920 der Name „Florena" vom damaligen Reichspatent-amt in München offiziell als Marke registriert wurde, sollte es noch viele Jahre dauern, bis er als Creme eine breite Öffentlichkeit erreichte. Nach dem Zweiten Weltkrieg wurde der Betrieb volkseigen. Der Name wechselte mit der DDR Zeit zu „VEB Rosodont-Werk" in Waldheim. Erst 1955 kam die ers-te Florena-Creme mit dem Slogan „Florena... ich fühl' mich wohl in meiner Haut" auf den Markt. Die blau-weiße Dose für die Universalcreme war der Nivea-Dose in Westdeutschland nachempfunden. Sie kam erstmals 1960 auf den Markt, und sie und ihre Farbgebung war über Jahre hinweg Gegenstand von Prozessen, die Beiersdorf gegen den volkseigenen Betrieb anstrengte, wenngleich auf diesem Weg erfolglos, produzierte man schon kurz vor der Wende in Waldheim für Beiersdorf das „Gestattungsprodukt", nämlich die Nivea-Dose von Beiersdorf.

Mit der Wende änderte sich auch der Name der Gesellschaft. Sie firmierte unter Florena Cosmetic GmbH. Und auch jetzt war die Marke erfolgreich. Sie wurde seit 1998 in über 35 Länder der Welt exportiert. Seit 2002 ist Florena eine 100prozentige Tochtergesellschaft der Beiersdorf AG, bis es 2012 zur endgül-tigen Verschmelzung der Gesellschaften kam. Heute firmiert der Waldheimer Standort unter dem Namen „Beiersdorf Manufacturing Waldheim GmbH" und bietet ein breites Produktionsspektrum, womit sich ein bisschen auch der Kreis zu den anfänglichen Rechtsstreitigkeiten schließt.

Ursprünglich lagen die Haupterwerbsgebiete der Stadt bei der Landwirt-schaft, den Webereien und Tuchmachereien. Die Holzverarbeitende Indust-rie, die Schuhindustrie, die Seifen- und Kosmetikherstellung kamen, wie die Zigarrenfabrikation, erst im 19. Jahrhundert hinzu. Bei einem weiteren Unter-nehmen, das im 19. Jahrhundert entstand und heute noch existiert, handelt es sich um die Kübler & Niethammer Papierfabrik Kriebstein AG. Ludwig Albert Julius Niethammer (1833-1908) pachtete mit seinem Schwager Friedrich Kübler (1833-1865) 1856 eine Öl-, Graupen-, Säge- und Papiermühle in Kriebstein. Schon 1860/ 61 bauten sie die erste Holzmassefabrik der Welt in Georgenthal bei Johanngeorgenstadt auf und führten damit den 1845 erfundenen Holzschliff in eine fabrikmäßige Produktion. 1867 erwarb man die erst einmal gepachtete Papierfabrik, errichtete 1883 eine weitere Holzschleiferei in Albertsthal bei Johanngeorgenstadt und kurz danach dann die Zellulosefabrik Gröditz bei Riesa. Die Anlagen in Kriebstein wurden stetig erweitert. Immerhin umfasste der Konzern 1880 bereits zehn Betriebe, die zusammen etwa 1.000 Angestellte hatten.

Niethammer war neben seinem beruflichen Engagement auch einer der führenden nationalliberalen Politiker in Sachsen und seit 1879 Mitglied des Sächsischen Landtags, war von 1887 bis 1900 Vorsitzender der nationalliberalen Landtagsfraktion, Vorstand des Nationalliberalen Landesvereins und gehörte auch dem Zentralvorstand der Partei an. Auch ihm verdankt Waldheim die industrielle und verkehrsmäßige Erschließung, wie seine Arbeiter sich an der Verbesserung ihrer Arbeits- und Lebensbedingungen erfreuen konnten. Er engagierte sich für die Sonntagsruhe, gründete eine Fabriksparkasse für die Mitarbeiter und regte einen Konsumverein[1] an. 1879 richtete er einen kostenlosen Betriebskindergarten und 1884 eine Betriebskrankenkasse ein. Neben vielen anderen Ehrungen verlieh ihm die Stadt Waldheim 1897 die Ehrenbürgerwürde. Nach 1945 wurden die Werke jedoch enteignet, demontiert und nach Russland transportiert. 1953 erfolgte der Wiederaufbau – auf Betreiben der damaligen Regierung der DDR. Seit dem 2. Juli 1990 firmiert die Gesellschaft unter dem alten Namen und ist im Eigentum der Nachfahren der früheren Eigentümer.

Als Georg Kolbe am 15. April 1877 – als viertes von sechs Kindern – die Welt erblickte, war seinen Eltern Theodor Emil und Caroline Ernestine Kolbe sicherlich nicht bewusst, dass dieser Junge einmal ein bekannter Bildhauer werden würde, so wie sein Bruder Rudolf es zu einem bekannten Architekten und Kunstgewerbler in Dresden bringen sollte, wenngleich das handwerkliche Geschick und die Kunst ein bisschen auch in der Familie beheimatet waren. Der Vater war Handwerker und arbeitete als Maler. Schon frühzeitig wurde Georg an der Kunstgewerbeschule in Dresden und an der Münchner Kunstakademie zum Maler ausgebildet. Seine im Museum in Waldheim zu sehenden Kreidezeichnungen zeigen nicht allein seine Ausbildung, sondern eben auch sein Talent, mit wenigen Strichen und dem Setzen weniger Flächen, Ausdruck und Dynamik zu entwickeln, wenngleich seine Künstlerschaft ihn vielmehr als Bildhauer verewigen sollte. Kolbe studierte ein Semester an der Académie Julian in Paris, lebte von 1898 bis 1901 in Rom und begann dort 1900 eine Ausbildung bei Louis Tuaillon zum Bildhauer. Schon vorher entstanden bildhauerische Arbeiten, wenngleich auch ohne Ausbildung. Im Februar 1902 heiratete Kolbe in Uccle bei Brüssel die holländische Gesangsschülerin Benjamine van der Meer de Walcheren, die er ein Jahr zuvor im Kreise der Familie Wagner in Bayreuth kennengelernt hatte. Sie zogen nach Leipzig. Hier kam im November 1902 die Tochter Leonore zur Welt. Bereits 1904 zog man nach Berlin, wo Kolbe bis zu seinem Lebensende lebte und arbeitete.

Im Laufe seines Lebens erfuhr Kolbe ungezählte Ehrungen. So war er der erste Träger des Preises der Villa Romana. Dieser Preis war mit einem Studienaufenthalt in Florenz verbunden. 1909 war er im „Salon d'Automne" in Paris vertreten und traf bei der Gelegenheit Auguste Rodin in Meudon. Seine wohl berühmteste Plastik mit dem Namen „Die Tänzerin", 1911 / 12, mit der er auch einen eigenen Stil begründete, wurde nach ihrer Präsentation in der Berliner Secession von der Berliner Nationalgalerie erworben. Einen Eindruck dieser Arbeit und ihrer Bewegtheit bekommt man im Museum in Waldheim, wo sich die Arbeit „Kopf der Tänzerin" befindet, die Kolbe 1930 seiner ehemaligen Schule schenkte (der heutigen Förderschule zur Lernförderung

Waldheim, die sich hinter der evangelischen Kirche und über dem Kellerberg befindet). Bereits im Februar 1927 verstarb Benjamine. Das traf Kolbe schwer, schien sie ihm auch immer eine Muse. Die Statue „Der Einsame" erinnert an seine Schmerzen. Seine Arbeiten entwickelten sich nun weg von der Innovation seines eigenen Stils hin zur ruhigen, stehenden Figur, eher glatt, wenngleich natürlich dargestellt, manchmal eben auch abwesend.

Während der nationalsozialistischen Ära in Deutschland nahm Kolbe auch regelmäßig an der „Großen Deutschen Kunstausstellung" im Haus der Kunst in München teil. Neben dem Goethepreis der Stadt Frankfurt 1936 erhielt er 1942 die Goethe-Medaille für Kunst und Wissenschaft. Und obwohl er sich in dieser Zeit am kulturellen Leben sehr lebendig beteiligte, ja auch Arbeiten für Kasernen ausführte oder mit zwei Statuen auf dem Reichssportfeld, dem heutigen Olympiagelände in Berlin, vertreten war, ließ er sich politisch nicht einbinden, nicht zum Gigantismus der Bildhauer Arno Breker und Josef Thorak hinreißen, soll sogar die Herstellung eines Bildnisses des Führers abgelehnt haben. Dagegen wurde seine Franco-Büste zum Geburtstagsgeschenk für Adolf Hitler, der Georg Kolbe 1944 in die Sonderliste der „Gottbegnadetenliste" mit 12 weiteren bildenden Künstlern aufnehmen ließ. Dieser große Sohn der Stadt Waldheim gilt heute als einer der wichtigsten Bildhauer der ersten Hälfte des 20. Jahrhunderts. Die Waldheimer feiern ihn als bedeutendsten Sohn und haben ihm ein Museum aufgebaut.

Weitere bedeutende Söhne und Töchter waren unter anderem der Naturforscher und geadelte Gotthelf Fischer von Waldheim (1771-1853), dessen Geburtshaus noch heute am Marktplatz und gegenüber dem Rathaus steht, der Widerstandskämpfer (Rote Kapelle), Eisendreher und Journalist Walter Küchenmeister (1897-1943), ebenso der Polizeipräsident von Dortmund und SS-Brigadeführer Georg Altner (1901-1945), auch die Lehrerin und Bildhauerin

Irmgard Biernath (1905-1998) oder der Möbeldesigner Rudolf Horn (*1929), ebenso wie verschiedene bekannte Mediziner, Wissenschaftler und Sportler.

Neben den vielen Namen von mehr oder weniger bedeutenden Persönlichkeiten hat Waldheim in Mittelsachsen auch viel Sehenswertes zu bieten. Ganz in der Nähe steht die Burg Kriebstein, eine der schönsten Burgen des Burgenlandes Sachsens, sehr gut erhalten und bis heute – im Stile ihrer verschiedenen Besitzer – eingerichtet.

Nicht allein als Aussichtsturm, sondern auch zum Gedenken an die Opfer des deutsch-französischen Krieges 1870/ 71, die aus Waldheim stammten, wurde der Wachbergturm vom Verschönerungsverein der Stadt auf dem Wachberg – damals noch unter dem Namen „Kahler Berg" bekannt – 264 Meter über Normalnull erbaut. Von der Grundsteinlegung am 18. Juni 1871 bis zur Eröffnung am 2. September verging nur eine kurze Zeit, ersetzte faktisch der Berg die Maße, die für die Aussicht nötig sind. Eigentlich trug der Bau den Namen Siegesturm. Immerhin gewann man in Deutschland nicht all zu oft einen Krieg, und nun war man stolz.

Ebenso hat das Kurt-Schwabe-Institut für Mess- und Sensortechnik e.V. seine Heimat in Waldheim. Das weit über die Landesgrenzen hinaus bekannte Institut wurde von seinem Namensgeber Kurt Schwabe (1905-1983) 1945 gegründet. Kurt Schwabes Leben war der Wissenschaft gewidmet, ob als Direktor des Instituts für Elektrochemie und physikalische Chemie der Technischen Hochschule in Dresden (1958-1969) oder anschließend als Rektor der aus der Technischen Hochschule hervorgegangenen Technischen Universität Dresden bis 1980.

Neben dem die Innenstadt dominierenden Rathaus, das in weiser Voraussicht in einer kaum zu glaubenden Dimension errichtet wurde, steht diesem die Evangelische Kirche St. Nicolai in Größe und Schönheit in nichts nach. In beiden Fällen glaubte man sicher an die Zukunft der Stadt und zudem an eine größer werdende Bevölkerung. Nun, über ein Jahrhundert später, scheint sich diese Vorsicht dann doch noch zu rechnen. Waldheim gehört zu den wenigen Städten im Land Sachsen, in denen die Abwanderung aufgehalten wurde, es sogar zu einer leichten Steigerung der Einwohnerzahlen gekommen ist.

Waldheim bietet zudem einen zu besichtigenden Kellerberg, in dem seit Anfang des 17. Jahrhunderts das Waldheimer Serpentinit gefördert wurde und das 1867 auf der Pariser Weltausstellung als „Rochlitzer Marmor" präsentiert wurde. Und wem das alles noch nicht reicht, der kann im Naherholungsgebiet „Talsperre Kriebstein" wandern, baden oder rudern und natürlich die einmal im Jahr stattfindenden „Waldheimer Filmmusic-Classics" – ein Open Air Konzert – besuchen.

Großartig, was diese kleine Stadt so bietet, will man meinen. Doch was hat Waldheim, seine Geschichte, speziell seine gutbürgerliche Idylle, seine damals tiefe Religiosität, was hat seine Industrie nun ausgerechnet mit Ernst Lothar Hoffmann zu tun, der vielen heute eher unter dem Namen Lama Anagarika Govinda bekannt sein dürfte? Viel, denn eben dieser spätere Lama stammt aus Waldheim und ist in dieser Stadt gutbürgerlich und an Konventionen gewöhnt, gebunden und von diesen geprägt – als Sohn eines der vielen Zigarrenfabrikanten – aufgewachsen. Schon seit der Schulzeit beschäftigte er sich mit vergleichenden Studien zu den Weltreligionen und studierte später Philosophie und Archäologie. Das allein muss damals und bei diesem gesellschaftlichen Hintergrund einer Auflehnung gegen das Establishment gleichgekommen sein. 1928 kam die intensive Beschäftigung mit dem Buddhismus hinzu, den er in moderner Weise interpretierte, lehrte und beeinflusste. Der von ihm gegründete tantrisch-buddhistische Orden, dessen Kern eine integrative Sicht buddhistischer Philosophie darstellt, hat zwischenzeitlich eine weltweite Verbreitung gefunden. Der Orden lebt von dem Gedanken des kre-

ativen Umgangs mit dem geistigen Erbe der Menschheit. „Schon seine Leit-
gestalt, Lama Anagarika Govinda, hatte Impulse aus verschiedenen Traditionen in seiner Spiritualität vereint; in seinem Sinn strebt der Orden bewusst
einen Buddhismus an, der sich dem Raum und der Zeit anpasst, in denen
er sich ausbreitet."[2] Anagarika Govinda starb 1985 in Kalifornien, der große,
aber doch vergessene Sohn Waldheims und des Bundeslandes Sachsen, von
dem die Stadtväter einmal sagten, dass er seiner Heimat nichts hinterlassen
habe, was bleiben würde, eben nicht all das nicht, was die bedeutenden Töchter und Söhne der Stadt an Materiellem, an Ruhm in ihrer Heimat oder an
Leistung für den Ausbau und den Wohlstand der Stadt hinterlassen hätten.
Zudem kam er niemals auf *Dauer* in seine Geburtsstadt zurück, die ein Leben
lang nicht seine Heimatstadt war und *so* auch nicht mehr sein konnte. Govinda fand seine Heimat in seinem Werk, dessen Wirkung nicht durch Grenzen
bestimmt ist, sondern in das jeder Mensch und jeder Ort einbezogen sind.

Seine Hinterlassenschaft ist keine sichtbare, keine einschätzbare und kein sofort verwertbares Erbe für das kleine Waldheim in Mittelsachsen. Es ist eine
Hinterlassenschaft, die jeden einzelnen Bürger auffordert, sie zu ergründen,
sie zu hinterfragen, ein Denken und Leben mit ihr zu versuchen, sie zu ver-
werfen oder zu befördern. Es ist die Hinterlassenschaft des freien Denkens
und Fühlens, die Hinterlassenschaft, die man vielleicht nicht fassen kann und
will, deren Spur aber erst einmal aufgenommen, – den Erben neben wirkli-
chen Inhalten, auch viele Möglichkeiten gewährt, die viel weiter reichen, als
das wirtschaftliche Erbe, das der Stadt im Laufe der Jahrhunderte gegeben
wurde. Govindas Nachlass ist – auch für Waldheim – ein Samen, der, stetig
gepflegt, einmal seine Blüte erreicht, in jedem Einzelnen und mit einer großen
Botschaft an die Mitmenschen – nicht immer nur hinaus zu gehen und zu suchen, manchmal eben auch den Weg der Einkehr zu finden. Nicht nach Gaben
zu fragen, sondern selbst zu geben, eben auch *sich* etwas zu geben.

1 Eine besondere Form der Genossenschaft im Einzelhandel, die in erster Linie Nahrungs- und Genussmittel sowie verwandte Waren des täglichen Bedarfs beschafft und verkauft.

2 Georg Schmid, Georg Otto Schmid (Hrsg.): *Kirchen, Sekten, Religionen. Religiöse Gemeinschaften, weltanschauliche Gruppierungen und Psycho-Organisationen im deutschen Sprachraum.* Zürich: Theologischer Verlag 2003 (ISBN 9783290172152), S. 404.

Ernst Lothar Hoffmann

PANTELLERIA

Wer in der Ebene lebt, sucht die Berge. Wer in den Bergen lebt, sucht die Ebene. Kurz: da, wo du nicht bist, ist das Glück – und so sehnte auch ich mich aus der theatralisch bunten Schönheit Capris, die das Ziel und der Traum unzähliger Schönheitsdurstender ist, fort in eine Gegend, wo nichts von all den landläufigen Schönheitsreizen zu finden ist. Ich sehnte mich fort aus dem Rummel der internationalen Gesellschaft, in eine Umgebung einfacher, unberührter Menschen, in eine Gegend, wo noch die Zeit so langsam lief wie vor Jahrtausenden.

Und ich fand sie fast ohne mein Zutun, unerwartet. Archäologische Studien führten mich nach Pantelleria, einer kleinen Insel an der afrikanischen Küste, nahe Tunis.

Eines schönen Tages im Februar befinde ich mich auf einem Dampfer auf der Reise nach Süden. Der Morgen graut über den fernen Bergen Siziliens, und ich mustere erwartungsvoll meine Mitreisenden. Sollen etwa außer mir noch andere auf den Gedanken gekommen sein, dies verborgene Eiland zu besuchen? Wirklich, auf dem Unterdeck bemerke ich eine ganze Menge Menschen. Gewehre blinken hier und dort auf, Uniformen werden sichtbar – Soldaten.

Aber dennoch, die größere Menge sind Civilleute; wie es scheint einfache Leute aus dem Volk. Von Zeit zu Zeit dringt ein merkwürdiges Klirren aus den einzelnen Gruppen. Ich mische mich unter die Leute und sehe, daß sie mit Ketten aneinandergefesselt sind. Ich erinnere mich nun, gehört oder gelesen zu haben, daß Pantelleria Deportationsinsel sei – ich bin also in einen Gefangenentransport geraten. Zuerst fühle ich mich etwas bedrückt über das Schicksal der armen Leute, werde aber allmählich von ihrer heiteren Stimmung angesteckt, die sich durch lebhaftes Plaudern, Lachen und Singen kundtut.

Gegen Abend werfen wir vor Pantelleria Anker, das lang ausgebreitet und von felsigen Bergen gekrönt aus dem Meere ragt. Ich hatte nicht gedacht, daß die Insel so groß sei. – Das Ausbooten geht rasch vonstatten. Wir fahren mit der Barke durch die alten, z. T. noch von den Karthagern erbauten Molen hindurch und landen in dem altertümlichen Hafen, der von einer mittelalterlichen Citadelle beherrscht wird. Im Halbkreis, an der Bucht entlang, baut sich die kleine, malerische Stadt auf. Die Gäßchen sind schmal aber sauber, die Häuser weiß, rosa, gelb oder buntgekachelt, und über den flachen Dächern wölben sich die niedrigen arabischen Kuppeln.

Nachdem ich, dank der Fürsorge meines Kofferträgers, dem ich vertrauensvoll nachfolgte, im Hause des Postmeisters ein sauberes, wennzwar etwas primitives Unterkommen gefunden habe, genieße ich vom Dach meiner neuen Wohnung die letzten Strahlen der Sonne, die alsbald in unbeschreiblicher Pracht über der schmalen, von einzelnen Palmengruppen unterbrochenen Silhouette des afrikanischen Festlandes untergeht.

Der Himmel flammt in allen Farben des Regebogens auf: am Horizont violett, darüber dunkelrot, sodann hellkaminrot, dann zinnober, orange, gelb, hellgrün, veronesergrün, leuchtendblau, dunkelblau und geht endlich im Zenith in immer dunkler werdendes Stahlblau über. Bald blinken die Lichter von Ras Addar (Kap Bon) auf – ehe man sich's versieht, ist die Dunkelheit hereingebrochen. Es geht hier mit einer Schnelligkeit, die man im Norden nicht kennt.

Als ich am nächsten Tage über den Hauptplatz des Städtchens gehe, werde ich von einem einfachen aber ordentlich gekleideten Mann gegrüßt – jedoch nicht wie ein Fremder, sondern wie ein alter Bekannter. Erstaunt drehe ich mich noch einmal um. Sollte denn die Welt so klein sein – aber wirklich, ich hatte den Mann schon einmal gesehen. Wo nur?

Plötzlich geht mir ein Licht auf. Er ist einer von den Gefangenen, die mit mir angekommen sind. Beim Betreten des Landes wurden ihnen die Fesseln abgenommen, und nun leben sie hier fast wie freie Leute. Sie dürfen zwar nicht den Umkreis der Stadt verlassen und müssen bei Sonnenuntergang, wenn das Hornsignal ertönt, in der Citadelle sein, aber sie können im übrigen tun und lassen, was sie wollen. Einige gehen auf Arbeit, um ihre Finanzen zu verbessern, andere begnügen sich mit ihrer „staatlichen Pension", mit der ein jeder sich selbst versorgen muß. Soweit ich feststellen kann, bewährt sich das System.

Denjenigen, die den Willen haben ihre Lage zu verbessern und zu einem ordentlichen Leben zurückzukehren, ist Gelegenheit dazu gegeben; den anderen ist ohnedies auf keine Weise zu helfen.

Außer den Deportierten gibt es keine Fremden auf der Insel, sodaß mein Erscheinen großes Aufsehen hervorruft. Der Bürgermeister schickt mir extra einen Boten, um mich aufs Municipo zu bitten, woselbst man mir mit großer Wichtigkeit eine Aufenthaltsbescheinigung ausstellt, die die Nummer 1 trägt. Ein alter Deportierter, der mich vom Municipo in die, seiner Meinung nach, sehr sehenswerte Kirche führt, fragt mich voll Teilnahme, auf wieviele Jahre ich verbannt sei und schüttelt verwundert den Kopf, als ich ihm sage, ich sei freiwillig hergekommen.

Die Bevölkerung, eine glückliche Mischung arabischen und romanischen Blutes, macht einen sehr sympathischen Eindruck. Die Leute sind ernst und still, dabei aber doch freundlich. Bei aller Zuvorkommenheit bewahren sie stets einen gewissen Stolz. Ihr Dialekt ist ein vom Arabischen beeinflusstes Italienisch, ähnlich dem Sizilianischen. Die Namen der Berge und Orte sind z. T. rein arabisch.

Außer der kleinen Hafenstadt gibt es noch verschiedene Dörfchen und eine Menge Ansiedelungen, die über die Insel verstreut sind. Im Ganzen beläuft sich die Zahl der Bevölkerung auf etwas 9000. Das ist nicht viel im Verhältnis zur Größe der Insel. So unbedeutend sie auch auf der Karte erscheint, gibt es doch solche Entfernungen, daß man große Tagesausflüge machen kann. Auf der ganzen Insel gibt es keinen Wagen, denn es existieren keine Straßen. Es gibt nur schmale Wege. Man ist daher gezwungen, entweder zu Fuß zu gehen oder zu reiten.

Im Inneren der Insel erhebt sich ein großer Vulkan von mehr als 800 m Höhe. Seine letzte Tätigkeit bestand in einem unterseeischen Ausbruch im Jahre 1891. Außerdem gibt es noch viele kleine Krater, sowie Fumarolen und Schwefelquellen. Der Boden ist meistenteils dunkelrot, an der Westküste, wo große vulkanische Aschenhügel sich erheben, tiefschwarz und vollkommen kahl. Die Landschaft bietet auf diese Weise einen geradezu exotischen Anblick: An der Küste schwarze Lavawildnisse (die des Abends in tiefstes Violett gehüllt sind), den Bergen vorgelagert das dunkelrote Hügelland mit seinen fahlgrünen Kakteen, schwarzen Terrassenmauern schrägwändigen Häusern mit weißen Flachkuppeln, dazwischen hier und dort aufragende Krater, und im Hintergrunde der große Vulkan mit seinen gradlinigen Lavaschrunsen.

Über dem allen der tiefblaue Himmel, die heiße Sonne und das weite, glänzende Meer. Eine merkwürdige Rolle spielt in der Landschaft das Grün. Dasjenige der Kakteen erweckt kaum den Eindruck von lebendiger Vegetation, wo aber wirklich Gras und Kräuter wachsen, da leuchtet das Grün mit einer solchen Intensität, wie sie keine künstliche Farbe erreicht. Man wird fragen: Ja gibt es denn keine Bäume? – Gewiß! Aber man sieht sie nicht, denn sie wachsen in – Türmen.

Wenn man durch das bebaute Land geht, sieht man überall große, festungsartige, runde Türme (die oben offen sind), und in diesen wachsen die Bäume, meist Citronen und Orangen. Oft um eines einzigen Fruchtbaumes wegen baut man solch einen massigen Turm, während man kleine Felder oder Gärten vielfach in künstlichen Vertiefungen von mehreren Metern Tiefe anlegt.

Die Weinrebe, die wichtigste Kulturpflanze der Insel wächst auf den terrassenförmig angelegten Hängen des Hügellandes in kleinen Gruben, von denen eine jede einen Zwergweinstock von etwa 30 cm Höhe enthält, der wie ein Seestern auseinanderwächst. Der Grund aller dieser Eigentümlichkeiten sind die heftigen Wüsten- und Seestürme, in denen sich keine größere Vegetation hält. Nur die kräftigen Opuntien-Kakteen halten stand und wachsen sich zu förmlichen Bäumen aus, sodaß ihre Panzerblätter bis über die Dächer der niedrigen Landhäuser wuchern.

Die Früchte, die in Pantelleria unter diesen schweren Bedingungen hervorgebracht werden, übertreffen alles, was ich bisher an Größe gesehen habe, und sind von köstlichstem Wohlgeschmack. Palmen wachsen meist nur im Schutz der Häuser oder an besonders günstigen Stellen. So z. B. in einem großen Krater, in dessen Mitte sich ein alkalischer See befindet, der nicht nur seines heißen Wassers sondern auch seiner landschaftlichen Schönheit wegen einer der bemerkenswertesten Punkte der Insel ist. Ich entdeckte ihn eines Tages ganz zufällig. Von der Hochfläche südlich der Stadt kommend, tut sich plötzlich eine tiefe Schlucht vor mir auf, jenseits derer eine ungeheure Felswüste mir entgegenstarrt, die wie ein Strom von den Hängen des Gelfiser (dschel-fiser) sich dem Meere zuwälzt.

Darüber aber thront das mächtige Massiv des großen Vulkans. Der Kontrast zwischen dem Jahrtausende alten Kulturland und den starrenden Felsmassen ist sowohl in Form wie in Farbe unbeschreiblich. Ich steige durch die Schlucht hinab, und dann öffnet sich einem Amphitheater gleich ein weiter Kessel und in ihm ein dunkler, verträumter See, rings von flachem weißem Strand umgeben.

Das Wasser schimmert in grünem, blauen und violetten Tönen und wirkt geheimnisvoll in seiner Unbeweglichkeit. Seine Tiefe hat noch niemand ergründet. In seiner klaren Flut spiegeln sich die massigen Berge, auf denen die Sonne prachtvolle scharfe Schatten wirft und an anderen Stellen wunderbar leuchtende Farben aufsetzt.

Eine ganz eigentümliche ernste Ruhe liegt über allem. Die in großen Mengen blühenden Margeriten und andere Blumen, die behäbigen Kumuluswolken, die um den Felsgrat des großen Vulkans schwimmen und die warme unbewegliche Luft verursachen eine fast sommerliche Stimmung, sodaß man vergißt, mitten im Winter zu sein. Auch die rötlichen Felsen, glaube ich, tragen dazu bei. Im östlichen Teil des Kraters, der nicht von dem See ausgefüllt ist, liegen einige kleine Häuschen mit ihren Pflanzungen. Sie passen so vortrefflich in diese Landschaft, daß man die feierliche Einsamkeit und Konzentriertheit in keiner Weise beeinträchtigt empfindet. Im Gegenteil, die Einsamkeit bekommt etwas beruhigendes, was den Frieden und die Gesamtruhe noch erhöht. – Auf der anderen Seite des Talkessels, wo der Kraterrand am tiefsten eingesenkt ist, steige ich wieder hinauf und – welche Überraschung: zu meinen Füßen liegt das Meer!

Man wird von einem Extrem ins andere geworfen. Aus dem klösterlichen Frieden der grandiosen Binnenlandschaft kommend, plötzlich der ungeheuren Leere und Freiheit des unendlichen Meeres gegenüberzustehen, ist geradezu überwältigend. Lange wird man von widerstreitenden Gefühlen hin und her gerissen, bis man allmählich wieder ins Gleichgewicht kommt.

Unter dem Einfluss der Landschaft Pantellerias begreife ich erst ganz die Stimmung von Tausendundeine Nacht, die nüchterne Phantasie, das Mysterium, das in der unheimlichen Klarheit verborgen liegt. In der nordischen Phanatsie liegt alles hinter Nebel und in Schleiern, in einem traulich-graulichen Halbdämmer. Die arabische Phantasie ist dagegen von einer unfaßlichen, trockenen Klarheit wie die Wüste. Die Dinge offenbaren sich in der Wüste, verlieren aber ihre Individualität und somit die vertraute Beziehung zu uns. Nichts ist dämmerhaft, träumerisch. In grellem Sonnenlicht liegen die Dinge in den klaren Raum gebannt, als Verkörperungen magischer Kräfte – greifbar, fühlbar, sichtbar und dennoch unfasslich.

Es gibt Träume, in denen die Dinge von übernatürlicher Klarheit und dennoch unheimlich rätselhaft sind. Einer Fatamorgana gleich ist die Phantasie Nordafrikas. Alles erscheint greifbar nahe und ist dennoch unendlich fern. Mit den persönlichen Beziehungen verliert auch unsere Persönlichkeit sich und geht auf im magischen Bannkreis der Dinge. Da bleibt nichts mehr übrig für einen persönlichen Willen. Es herrscht einzig das kosmisch bestimmte Geschick, das Fatum. Auch in der Vegetation tritt das Individualistische mehr und mehr zurück.

Einzelne Grundformen und bestimmte Linienrhythmen beherrschen das Leben. Geometrie und Ornamentik sind hier zuhause. Es ist in erster Linie die

Kaktee mit ihren unbeweglichen ovalen Panzerplatten und die ihr verwandte Agave mit ihren Schwerterbündeln, sodann die ewig gleiche Palme und hier und dort auch die dekorative Cypresse und Pinie. Es ist begreiflich, dass in solcher Natur Bildplastik lebender Wesen oder gar menschlicher Persönlichkeiten überflüssig wird.

Ich halte auch Mohammeds Verbot der Nachbildung lebender Wesen für eine Folge dieses unbewusst wirkenden Eindrucks, dessen religiöse Formulierung nur von sekundärer Bedeutung ist. Andererseits ist es gut begreiflich, daß bei einem stark plastisch veranlagten Volke, wie den alten Ägyptern, nicht das individuelle Porträt sondern eine überindividuelle Stilisierung den Vorrang gewann.

Auf mich persönlich ist der Eindruck dieser nordafrikanischen Natur außerordentlich stark. Meine sonst so rege Phantasie wird von dieser eigentümlichen Stimmung vollkommen aufgezehrt und künstlerisch bin ich zunächst ganz ratlos. Ich bin auf alles andere gefasst gewesen als auf solche Farben und Motive! Zuerst fasse ich wieder bei der Architektur Mut, und das Dach meines Hauses gibt mir die beste Gelegenheit für die entsprechenden Studien. Das Dachleben einer orientalischen Stadt ist überhaupt etwas köstliches! Man kann von einem Dach auf das andere gehen und genießt den herrlichen Sonnenschein (der allerdings nur im Winter angenehm ist) ohne von qualmenden Kaminen gestört zu werden, da es solche nur selten gibt und die wenigen kaum benutzt werden.

Man hält seine Siesta auf dem Dache, lustwandelt daselbst in freien Stunden, wenn man nicht gern vor die Stadt gehen will und erfreut sich der Aussicht über Berge und Meer. Die Frauen, die nach arabischer Sitte die Straße nur selten betreten, machen ihre Besuche über das Dach oder sitzen dort beim unerschöpflichen Klatsche. Auch Hunde und Katzen treiben sich auf den Dächern herum, Kaninchen hüpfen fröhlich umeinander, Hühner gackern und Hähne krähen.

Das Labyrinth von Flachkuppeln, Treppen, Stiegen, Aufsätzen, Terrassen, Mauern und Türmen wird außerdem noch belebt durch Wäschestücke aller Art und jeglicher Farbe. Beschaulich veranlagte Gemüter können den ganzen Tag damit zubringen, zu beobachten, was auf den benachbarten Dächern vorgeht, und wenn das noch nicht genügen sollte, so bietet das Straßenleben und Hafentreiben drunten weitere Abwechslung.

Es ist eine Lust, der fröhlichen aber doch nicht hastigen Geschäftigkeit des Hafens zuzuschauen. Es gibt darin nur Segelschiffe, weil er für Dampfer zu flach ist. Die Citadelle mit ihren schrägen, fensterlosen Mauern ragt wie ein Fels über ihn empor. Die Hafenanlagen sind höchst bescheiden, und die Segelschiffe übersteigen nicht die Größe eines Zweimasters. Da rasseln weder Dampfkräne noch erheben sich qualmende Fabrikschornsteine oder langgestreckte, einförmige Lagerhäuser. Nein, Gott sein Dank, da ist all der moderne langweilige Unrat noch nicht und auch nicht der zerrüttete soziale Zustand des heutigen Europa.

Es gibt weder Reiche noch Arme. Ein jeder hat sein Stück Land mit seinem Häuschen, produziert selber mit seiner Hände Arbeit, exportiert selbst und hat den reinen Gewinn. Das Land bringt Trauben, die zu Wein und Rosinen verarbeitet werden, und Kapern hervor; außerdem wird Viehzucht betreiben: Maulesel, Ziegen, Kühe und Schweine gibt es in ziemlicher Menge. Erstere werden ihrer hervorragenden Qualität halber sogar ausgeführt. Die Schweine werden mit den Früchten der Kakteen gemästet, ein Futter, das man umsonst hat. Während der heißen Zeit beschäftigen sich die Leute mit Landarbeit, und während des Herbstes und Winters transportieren sie ihre Produkte auf ihren Segelschiffen in alle Welt.

Bei aller Gemeinschaft ist jeder doch unabhängig vom andern und daher wirklich frei. Das nenne ich einen gesunden sozialen Zustand! Da mag Kohlennot und Streik sein so viel als es will; das tut dem Handel keinen Abbruch, denn Wind gibt es immer und ein jeder macht seine Arbeit. Die Leute leben friedlich und fern von aller Welt und haben dennoch Gelegenheit, sobald sie es wünschen, sich mit ihr in Verbindung zu setzen.

Ich sehe auf dieser Insel das Ideal der Gemeinschaft, des Staates verwirklicht, indem die Menschen nicht für den Staat sondern der Staat für die Menschen da ist. Bei uns sind die Menschen unfrei, weil einer vom anderen abhängig ist, ohne ihn nicht leben kann. Was ist das für ein sozialer Zustand, wenn eine Handvoll Menschen, wie z. B. die Eisenbahner, imstande ist, das Leben eines ganzen Landes zu unterbinden oder wenn die dringenden Bedürfnisse einer Millionenstadt in der Hand einiger Männer liegen (in Wasser-, Gas- und sonstigen Anstalten)? Und von den Steuersystemen und anderen Dingen will ich gar nicht reden.

Ich will nur noch ein Beispiel anführen: In Pantelleria sollte eine neue Hafenmole gebaut werden. Steuererträge oder dergl. gab es dafür nicht. Daraufhin wurde eine Sammlung veranstaltet, wobei jeder nach Gutdünken etwas gab, und dann wurde die Mole gebaut. Man hat also auf freiwilligem Wege das erreicht, was anderswo erzwungen wird. – Es ließe sich noch manches über das Thema sagen, aber ich bin kein Nationalökonom und will auch nur von dem erzählen, was unmittelbar in meinen Gesichtskreis tritt.

Mein Abschied von Pantelleria kommt ebenso unerwartet wie meine Reise dorthin. Als ich eines Tages beim „caffè arabo", wozu ich fast täglich von irgendeinem Einheimischen eingeladen werde, davon spreche, wie ich gern mit einem Segelschiff reisen würde, sagt dieser mir, er führe in den nächsten Tagen mit seinem Segler nach Neapel; ich sollte nur mitkommen. Ich lasse mir das nicht zweimal sagen und segle bereits nach wenigen Tagen auf einem kleinen Einmaster gen Norden. Die Ladung besteht aus Wein und Rosinen. Wir sind 5 Mann an Bord: Kapitän, Vizekapitän, zwei Matrosen und ich. Man lebt wie in einer Familie und in einer Welt für sich.

Auf den großen Dampfern ist man immer noch mit der Umwelt verbunden, sowohl durch den Fahrplan wie durch drahtlose Telegraphie. Aber hier ist man wirklich außerhalb aller dieser Dinge und vertraut sich mit Geduld und Ruhe der Natur an. Man hat wieder Zeit und fühlt sich frei, trotz aller Abhängigkeit von Wind und Wetter. Man weiß nicht, wann man ankommt – ein paar Tage früher oder später spielen keine Rolle.

Das Wetter bei unserer Abfahrt von Pantelleria ist prachtvoll, die Luft ist sommerlich warm und kaum bewegt. In der darauffolgenden Nacht tritt Windstille ein, und es ist so klar, daß einzelne sehr helle Sterne trotz des Mondscheines im Meer eine Lichtstraße werfen. Kurz drauf aber, wir haben kaum die Straße von Tunis überquert und nähern uns der Südwestküste Siziliens, bricht plötzlich ein Sturm los, sodaß wir kaum Zeit haben, die Segel einzuziehen. Das Schiff wird wie toll von Wind und Wellen hin und her geworfen, und die Sturzseen gehen mit lautem Getöse über Deck.

Glücklicherweise kommen wir bald in den Schutz der Aegatischen Inseln, sodaß wir unseren Kurs ungestört fortsetzen können. Bei Sonnenaufgang sind wir bereits in der Nähe von Trapani, und bald darauf verschwinden die letzten Berge Siziliens. Zwei Tage lang werden wir auf dem wild-bewegten offenen Meer von den Wellen umhergeschleudert ohne Land zu sehen. Der Sturm hat zwar nachgelassen, aber wir haben noch immer starken Südwind, der uns mit großer Geschwindigkeit vorwärts treibt.

Ich schlafe im Rettungsboot in ein Segel gewickelt, da die Luft in der Kajüte zu schlecht ist. Der Vicekapitän hat mir durchaus sein Bett abtreten wollen und ist ganz betrübt, daß ich keinen Gebrauch davon mache. Am Abend des zweiten Tages seit dem Verschwinden Siziliens, tauchen die Felsen Capris aus den Fluten. Es ist bereits Nacht, als wir in den Golf von Neapel einlaufen. Der Mond steht am Himmel, der Vesuv flammt von Zeit zu Zeit wie ein rotes Fanal auf, und der Kranz von Lichtern um den Golf herum gleicht einer großartigen Illumination. – Trotz all dieser Schönheit muß ich aber doch voller Sehnsucht an Pantelleria zurückdenken.

FELSENSÄULE AM GRUND DES CANYONS BEI THOLING | TIBET
PASTELL 37,3X54CM

LAMA ANAGARIKA GOVINDA

DER PARALLELISMUS ZWISCHEN KUNST UND MEDITATION

Kunst und Meditation sind die schöpferischen Zustände des menschlichen Geistes; beide werden von derselben Quelle genährt, doch hat es den Anschein, dass sie sich in verschiedenen Richtungen bewegen: die Kunst hin zum Bereich des Sinnlichen und Konkreten, Meditation hin zur inneren Verwirklichung und Integration der Formen und Sinneseindrücke. Aber diese Verschiedenheit ist nur zweitrangig und betrifft nicht das Wesentliche der Natur von Kunst und Meditation.

Meditation ist weder reine Abstraktion noch Negierung der Form, ausgenommen in ihren höchsten Stadien. Sie ist vielmehr die vollkommene Konzentration des Geistes und die völlige Ausscheidung aller unwesentlichen Eigenschaften des in Frage kommenden Gegenstandes, bis wir seiner voll bewusst sind, indem wir seine Wirklichkeit in einer bestimmten Anschauungsform oder von einem spezifischen Standpunkt erlebt haben.

Kunst verfährt in gleicher Weise: Während wir die Formen der äußeren Welt benutzen, versuchen wir nicht, die Natur nachzuahmen, sondern eine höhere

Wirklichkeit derselben zu enthüllen, durch Weglassung aller Nebensächlichkeiten, so dass die sichtbare Form zum Werte eines Symbols erhoben wird, das eine unmittelbare Lebenserfahrung zum Ausdruck bringt.

Dieselbe Erfahrung kann durch den Prozess der Meditation gewonnen werden. Aber anstatt einen formalen (objektiv bestehenden) Ausdruck zu schaffen, wirkt sie sich in subjektiver Beeindruckung aus und damit als eine charakterformende Kraft, die das Bewusstsein des Meditierenden bereichert und verfeinert.

Die höchste oder intensivste Form der Meditation oder vollkommenen Versenkung, die kein in Worten darstellbares Objekt kennt, kann vielleicht als das Erreichen einer geistigen Raum-Erfahrung oder jener »Leerheit« umschrieben werden, in der sich die universellen Kräfte unseres tiefsten Zentrums manifestieren können. Denn es bedarf der »Leere«, um die Fülle feinerer Einflüsse wahrzunehmen. In diesem Sinne kann Meditation als die Kunst, sich in eine schöpferische Bereitschaft zu versetzen, definiert werden - als ein Zustand intuitiver Rezeptivität.

Der Künstler andererseits, der die Gabe hat - oder der sich durch lange Übung die Fähigkeit erwarb -, eine derartige intuitive Erfahrung auszudrücken, kristallisiert seine innere Schau in sichtbaren, hörbaren oder tastbaren Formen, indem er den meditativen Prozess in einen Prozess künstlerischer Materialisierung umkehrt. Aber dies setzt zunächst einmal voraus, dass der Künstler jenen intuitiven Zustand vorweg selbst erreicht hat. Dieser kann nun herbeigeführt werden entweder durch äußere Stimuli oder durch den Genius des Künstlers oder aber durch ein geistiges Training. Oftmals wirken alle diese Faktoren zusammen: die Schönheit der Natur, der Eindruck eines menschlichen Gesichtes oder ein erleuchteter Gedanke können als ein Stimulus wirken und den schlummernden Genius erwecken. Als Resultat jedoch der bewussten Konzentration auf diese Intuition nimmt das Erlebnis feste Form an und materialisiert sich im Kunstwerk.

So bewegt sich die Gestaltung eines Kunstwerkes nicht ausschließlich in entgegengesetzter Richtung zur Meditation, wie es dem oberflächlichen Beobachter zunächst erscheinen mag, der nur die formale Seite des Kunstwerkes betrachtet. Die Kunst bewegt sich auch auf der Ebene der Meditation insofern, als sie schöpferisch und kulturfördernd ist. Kunst und Meditation ergänzen einander, indem sie sich gegenseitig durchdringen, ja, sich gegenseitig hervorbringen.

Die Bedeutung der Kunst und ihre Beziehung zur Meditation erschöpfen sich jedoch nicht allein in der Betrachtung ihres gemeinsamen Ursprungs. Die Wirkung eines Kunstwerkes, das Erlebnis, zu dem es den Besucher führt, ist von gleicher Wichtigkeit. Der Künstler selbst mag von der Wirkung seines Werkes unberührt bleiben: Für ihn ist der Prozess des Erschaffens das einzige, was ihn interessiert. Aber der entscheidende Einfluss der Kunst auf das Leben der Menschheit - als wesentlicher Bestandteil menschlicher Zivilisation - ist ihre Macht, alle diejenigen, die sich ihr öffnen, zu inspirieren. So haben große Kunstwerke eine länger anhaltende Wirkung auf die Menschheit gehabt als alle Weltreiche und alten Religionen, die nur in ihren Kunstschöpfungen überlebten. Denn die Sprache der Kunst spricht zu uns über den Abgrund der Jahrtausende, selbst wenn alle anderen Sprachen der Zeit zum Opfer gefallen sind.

Kunstgenuss ist ein Akt der Nachschöpfung, oder vielmehr ein Schöpfungsakt in umgekehrter Richtung, der auf die Quelle der Inspiration zurückführt. Er ist ein Akt der Vertiefung und des Absorbierens, durch den wir uns von unserem kleinen »Ich« befreien, indem wir uns dem schöpferischen Erlebnis einer größeren Welt und eines allbezogenen Lebens hingeben.

„... Kunst bedeutet den immer wieder erneuten konzentrischen Angriff und Durchbruch durch die Ichhaftigkeit zur Unendlichkeit, die völlige Aufhebung jeglicher Grenzsetzungen durch eine unbegrenzte und damit ununterbrochene Wechselfolge von Radiationen und Inhalationen; sie bedeutet: Verdichtung des Universums zu einem mikrokosmischen Brennpunkt und vor allem immer wieder die Erstellung eines magischen Gleichgewichtes zwischen Seele und Universum. Der Gegenstand der Kunst ist der Niederschlag aller unfassbaren Ströme, Kräfte und Einwirkungen des Alls auf der Ebene menschlichen Erfassens und Erlebens; es ist die Projektion der seelischen Ergriffenheit in die Unendlichkeit hinein: das Selbst bis zur Weltheit aufgelöst, wobei die Leere nur das vollkommene Geschehen-Lassen bedeutet, das Ineinander-Aufgehen, das leidenschaftslose Aufnehmen der Welt in die befreite, d.h. unbegrenzte Seele"[1]

Hier treffen sich Kunst und Religion in einer Bewusstseinssphäre, wo keine wie auch immer geartete Unterscheidung besteht. So kann man sagen, dass immer dort, wo Religion eine lebendige Kraft ist, sie ihren natürlichen Ausdruck in der Kunst findet; ja sie wird selbst zur Kunst, so wie Kunst in ihrem höchsten Ausdruck zur Religion wird. Kunst ist der Maßstab für die Lebendigkeit einer Religion.

Die vollkommenste Kombination von Kunst und religiösem Leben wurde in den vergangenen Jahrtausenden verwirklicht, als buddhistische Mönche und Mystiker ihre Visionen in Skulpturen und Malereien, in Hymnen und in Architektur, in Philosophie und Dichtung darstellten und die Botschaft einer neuen Kultur über ganz Asien verbreiteten.

Die Betrachtung des Schönen macht uns, nach des Buddha eigener Darlegung, frei von allen selbstischen Regungen; sie erhebt uns auf eine Ebene vollkommener Harmonie und Glückseligkeit, sie gibt uns einen Vorgeschmack endgültiger Befreiung und ermutigt uns auf diese Weise in unserem Streben zum höchsten Ziel. Die Verwirklichung dieses Zieles jedoch bedeutet die Entdeckung der Wirklichkeit in uns selbst und damit der Tatsache, dass wir selbst Brennpunkt universeller Kräfte sind, die durch uns strömen wie das Licht der Sonne durch den Brennpunkt einer Linse. Die Strahlen des Lichtes werden aber weder in der Linse noch im Brennpunkt aufgehalten; sie werden nicht das »Eigentum« der Linse. Die Linse dient nur dazu, sie zu sammeln und sie im Brennpunkt zu vereinen, in dem jetzt das punktartige Bild der Sonne wiedererscheint und in dem deren Macht - zur Glut gesteigert - sich offenbart.

In derselben Weise dient die menschliche Individualität dazu, die Qualitäten und Kräfte des Universums zu fokussieren, bis sie in uns zur leuchtenden Glut entfacht sind, in welchem Augenblick sie zum Blitz der Inspiration oder zur Flamme der Erleuchtung werden. Durch sie aber wird sich der Mensch seiner Universalität bewusst oder- was das gleiche besagt: - das Universum wird sich seiner selbst bewusst.

Das wahrhaft Schöne ist zu gleicher Zeit das wahrhaft Sinn- und Gehaltvolle (d. h. etwas, dem ein wirkliches Erleben zugrunde liegt und das nicht nur eine bloße ästhetisierende Dekoration ist wie die Mehrzahl heutiger Bilder), und zwar insofern, als es eine unmittelbare Beziehung zum Menschen herstellt, d. h. nicht nur mit seiner Umgebung oder der Welt, in der er lebt, sondern auch mit jenem Etwas, das über sein augenblickliches Dasein als ein gesondertes, von seiner Umwelt getrenntes Wesen hinausgeht.

Eben das ließ den Kontemplativen und Mystiker wie auch den Künstler vergangener Zeiten in geistige Beziehung zu Bergen und Flüssen, Felsen und Bäumen, Menschen und Tieren, Göttern und Dämonen kommen, wie wir aus den machtvollen Darstellungen furchterregender Kräfte, in denen das Schöne nicht das Schreckliche ausschließt, ersehen können. Man denke nur an die zahlreichen tibetischen Thangkas, die die westliche Welt heutzutage nicht nur tief beeindrucken, sondern zum Nachdenken und einer Neuorientierung anregen.

Die kontemplativen Künstler des Ostens „vertieften sich in ihr eigenes Wesen oder in das eines Wasserfalls oder einer Landschaft oder eines menschlichen Antlitzes, je nachdem, was sie darstellen wollten, bis sie mit ihrem Objekt eins geworden waren, und dann schufen sie von innen, unbekümmert um alle äußeren Formen. Innere Sammlung schien diesen Künstlern wichtiger zu sein als äußeres Training. Und sicherlich steht das ganz nach innen gerichtete Individuum über der Vernunft, denn ihre Gesetze leben in seinem Geist ... Der Rhythmus der fernöstlichen Zeichnungen liegt nicht in ihrem rationellen Ursprung: es ist ein innerer Rhythmus, wie der der Musik."[2]

Kunst, als die Manifestation des wahrhaft Schönen (d. h. innerer Wahrheit) und der Reinheit innerer Schau, ist darum die größte schöpferische Kraft. Selbst die Unvollkommenheit dieser unserer Welt kann dieser Schöpferkraft dienlich sein. „Denn wahre Schönheit kann nur entdeckt werden von denen, die geistig das Unvollendete vollenden." Buddhisten schätzen Kunst als eine meditative Betätigung, als eine Art Yoga, denn die dynamische Natur ihrer Philosophie legt ein größeres Gewicht auf den Vorgang, durch welchen Vollkommenheit erreicht wird, als auf die Vollkommenheit selbst. „Die Lebendigkeit von Leben und Kunst liegt in ihren Wachstumsmöglichkeiten."[3]

Somit inspirierte die buddhistische und taoistische Meditation die Kunst Zentralasiens und des fernen Ostens mit neuen Idealen. Die Ausführung eines Kunstwerkes wurde als ein Akt schöpferischer Meditation betrachtet, und der Kunstgenuss, die Betrachtung eines Kunstwerks, wurde zu einem Teil des geistigen Trainings, ohne das sich niemand einen wirklich kultivierten oder gebildeten Menschen nennen konnte. „Die Anhänger des Zen zielten auf direkten Gedankenaustausch mit der inneren Natur der Dinge, indem sie die äußeren Nebensächlichkeiten nur als Hindernisse eines klaren Wahrheitsverständnisses betrachteten. Diese Liebe für das Abstrakte war es, die den Zen schwarz-weiße Skizzen anstelle sorgfältig ausgeführter, farbiger Gemälde vorziehen ließ, wie sie in der klassischen Schule des Buddhismus üblich waren."[4]

Nicht der Gegenstand eines Kunstwerkes macht seinen Wert aus, sondern vielmehr der inspiratorische Anstoß, die Spontaneität des inneren Erlebens, aus der heraus es gestaltet wurde und die es im Betrachter wieder hervorruft und wieder erzeugt. Aber die Fähigkeit, die innere Bedeutung eines Kunstwerks zu erfassen, muss kultiviert werden - in gleicher Weise wie das Gestalten von Kunstwerken.

So wie der Künstler das Material beherrschen muss, mit dem er arbeitet, so muss jemand, der Kunst wirklich genießen will, das Instrument seiner geistigen Empfänglichkeit ausbilden und schärfen, um eine tiefere Resonanz zu erzielen. Eine solche ist nur möglich, wenn er seinen Geist von allen ablenkenden Gedanken und alltäglichen Sorgen befreit hat (in diesem Sinne mag *śūnyatā* [die „Leerheit" in der Philosophie des Buddhismus] der vollkommenste Resonanzboden genannt werden).

Die tibetische religiöse Kunst geht sogar noch einen Schritt weiter: Hier erwartet man vom Betrachter nicht nur, dass er die Vision des Künstlers nacherlebt, sondern dass er sie in jeder Einzelheit in seinem Geiste wiedererstehen lässt und sie zu neuem Leben erweckt, bis sie zu einer selbständigen Wirklichkeit wird und so vor seinem inneren Auge steht, als ob sie in den Außenraum projiziert wäre.

Aber ungleich dem Werke eines Künstlers, der seine Schöpfungen gegenständlich vor sich sieht - unabhängig von ihm selbst-, muss der Meditierende seine Schauung wieder einschmelzen und in sich selbst absorbieren, indem er den schöpferischen Vorgang umkehrt und ihn in der Essenz seines eigenen Geistes auflöst. Dieses befreit ihn vom Festhalten an seinen eigenen Schöpfungen und hilft ihm, sich von der Illusion von Subjekt und Objekt zu befreien.

1 Karl With: *Bali*. Hagen i. W. 1922
2 Graf Hermann Keyserling: *Reisetagebuch eines Philosophen*, Darmsadt ⁶1922, zitiert nach der englischen Ausgabe
3 Okakura Kakuzo: *The Book of Tea*. Tokyo 1906
4 Kazuko, *Book of Tea*

Der Gespaltene Berg von Rii | Tibet | Pastell 37,3x54,5cm

DIE KUNST
SRI ANAGARIKA GOVINDAS.
EIN INTERVIEW VON
NIRANJAN MAJUMDER

Gesendet am 3. Januar 1946 um 18 Uhr 15 in All India Radio

Majumder: Hier ist *All India Radio*, und dies ist Majumder, über den es nichts zu sagen gibt. Doch ich habe heute Sri Anagarika Govinda bei mir, über den es viel zu sagen gibt und der selbst viel zu sagen hat. Er hat kürzlich eine Ausstellung seiner Gemälde in Kalkutta veranstaltet, die viel Aufmerksamkeit erregte. Wir haben ihn heute in unser Studio eingeladen, damit er uns etwas über die Kunst im Allgemeinen und seine Beiträge dazu im Besonderen erzählt. Govindaji ist gebürtiger Europäer, eingebürgerter Inder, Buddhist von der Religion und vor allem ein Künstler von Inspiration. Einige seiner kürzlich gezeigten Bilder haben vielen Geistern einige Schwierigkeiten bereitet. Versuchen wir herauszufinden, was der Künstler selbst zu sagen hat. Also, Govindaji, wann haben sie eigentlich mit der Malerei begonnen?

Govinda: Ich habe von Kindheit gezeichnet und skizziert, aber es war tatsächlich in meinem zwanzigsten Lebensjahr, dass ich die Farbe zum hauptsächlichen Ausdrucksmittel nahm. Und als ich einmal mit der Farbe begonnen hatte, blieb ich für den Rest meines Lebens dabei. Dennoch habe ich nie meine literarischen Aktivitäten vernachlässigt, denn für mich ist Kunst ein *Mittel* des Ausdrucks, was bedeutet, dass man zuerst etwas auszudrücken haben muss. So entwickeln sich die beiden Tätigkeiten des Denkens und der Kunst gleichzeitig, und es geschieht oft, dass im selben Moment ein Gedicht in mit auftaucht, in dem ich die entsprechende Komposition in Farben und Form wahrnehme. Dies geschieht meist bei meinen abstrakten Gemälden.

Majumder: Was genau verstehen Sie unter abstrakten Gemälden?

Govinda: Es ist wichtig, sich über die Bedeutung dieses Begriffs richtig im Klaren zu sein, denn es gibt Menschen, die glauben, abstrakte Kunst sei eine allegorische Repräsentation abstrakter Konzepte. Der Begriff abstrakt ist jedoch der Wirkung verwandter als dem Vorgang des künstlerischen Schaffens. Er hat nicht so viel mit der Haltung des Künstlers zu tun, sondern mit jener des Betrachters. Denn was dieser zuerst bemerken wird, ist die Abwesenheit der konkreten oder so genannten natürlichen Formen, an die er gewöhnt ist. Je mehr er versucht, Parallelen zu diesen zu finden, umso weniger wird er den Geist abstrakter Kunst begreifen können. Denn diese Kunst nimmt nicht den Umweg durch die Objekte der äußeren, optischen Welt, sondern schafft Kompositionen in Form und Farbe, die in ihrer Ganzheit einen Bewusstseinszustand wiedergeben.

Majumder: Könnte man das irgendwie mit Musik vergleichen?

Govinda: Da haben Sie vollkommen recht. Das am nächsten liegende Beispiel, das mir selbst einfiele, ist die Musik, denn sie ist die am wenigsten imitierende oder beschreibende aller existierenden Kunstarten. Niemand würde jemals fragen, was ein einzelner Ton bedeutet. Nicht einmal eine Melodie lässt sich in Worten erklären oder beschreiben. Musik kann nur von Menschen gewürdigt werden, die selber gewisse musikalische Qualitäten in sich haben. Ebenso –

Majumder: Entschuldigen Sie die Unterbrechung. Wollten Sie damit ausdrücken, dass abstrakte Bilder eine schärfe Empfindungsgabe vom Betrachter verlangen als Landschaften und Porträts? Um es einfacher mit einem unangemessenen Beispiel zu sagen, das mir einfällt, weil ich gerade in diesem Studio sitze: Nehmen wir an, ich habe nur einen Empfänger für Mittelwelle, dann senden die Kurzwellenprogramme für mich gar nichts.

Govinda: Genau. Eine Person, die nicht empfänglich für Farben ist, wird nicht auf abstrakte Kompositionen reagieren. Und die meisten Menschen schätzen Gemälde nicht deshalb, weil sie auf Farben ansprechen, sondern weil ihnen das Motiv gefällt, oder anders ausgedrückt, weil die Ähnlichkeit mit der äußeren Wirklichkeit sie anspricht, mit der sie vertraut sind. Aber ich lehne die Vorstellung ab, dass ein Verständnis für abstrakte Kunst stets eine tiefere künstlerische Bildung vom Betrachter fordert.

Majumder: Wird diese Ansicht denn von Ihrer Erfahrung bestätigt?

Govinda: Ich werde Ihnen von einem höchst überzeugenden Vorfall berichten. Als ich einmal auf einem kleinen Segelschiff von Afrika nach Italien unterwegs war, zeigte ich einem einfachen Seemann, der recht ungebildet war, einige meiner abstrakten Gemälde und bat ihn, mir zu erzählen, was er bei ihrem Anblick empfand. Als ich ihm mein Bild „Labyrinth" zeigte, sagte er: „Ich fühle mich wie im Gefängnis." Als ich ihm das zweite Bild zeigte, war seine Reaktion ebenso genau. Und beim dritten Bild rief er „Liberazione!" Tatsächlich habe ich mein Bild dann nach seiner ausgesprochenen Reaktion „Befreiung" genannt, denn sie entsprach ganz meinem eigenen Empfinden.

Majumder: Das ist höchst interessant. Aber wie reagierten Intellektuelle auf ihre abstrakten Bilder?

Govinda: Je intellektueller sie waren, umso mehr zergliederten sie die Bestandteile, wodurch sie das Ganze verloren. Sie versuchten, ihre eigenen komplizierten Gedanken in diesen Kompositionen zu lesen, sperrten sich so ihren eigenen Gefühlen und verkannten die Einheit und wirkliche Bedeutung der Kompositionen. Ich muss rasch hinzufügen, dass dies nur auf einen bestimmten Typ des Intellektuellen zutrifft, der in Indien glücklicherweise nicht zu häufig vertreten ist.

Majumder: Haben Sie mir gestern nicht gesagt, dass Sie Ihre Pastelle mit den Fingern malten?

Govinda: Sehr oft, Herr Majumder. Ich forme Farben gerne direkt mit meinen Fingern. Die bloße Berührung meines Mediums bezaubert mich.

Majumder: Aber wenn Ihnen die physische Berührung Ihres Mediums so viel bedeutet, würde man denken, dass Sie natürlicherweise die Bildhauerei als Ausdrucksmittel wählen.

Govinda: Da bin ich nicht sicher. Für mich ist das plastische Empfinden auf den Raum bezogen. Und in der Malerei kann ich nicht nur plastische Körper schaffen, sondern auch den Raum, in dem sie existieren. Gleichzeitig kann ich die Wärme des Gefühls durch Farben hinzufügen, was ich in der Bildhauerei vermissen würde. Für mich bedeuten Farben das reine Leben. Das ist es vielleicht auch, warum ich Tibet so liebe.

Majumder: Ja, Tibet lässt einen an die Bilder von Nicholas Roerich denken, mit denen einige Ihrer Gemälde beträchtliche Ähnlichkeit aufweisen.

Govinda: Das ist nur natürlich, denn wir wurden beide durch dasselbe Land inspiriert, in dem die Farben so völlig anders als an jedem anderen Ort der Welt sind, dass es dem Künstler unmöglich ist, nicht von ihrer Qualität und Klarheit beeindruckt zu sein. Es war lang, nachdem ich meinen eigenen Stil entwickelte, dass ich von Roerich erfuhr, so dass es hier keine Art des Einflusses gibt.

Majumder: Vergangene Nacht habe ich Ihr Buch *Art and Meditation* gelesen, als – gut, ich werde den Satz so vorlesen, wie Sie ihn geschrieben haben: „Wo immer Religion eine lebendige Kraft ist, findet sie ihren natürlichen Ausdruck in der Kunst, in der Tat, sie wird selbst zur Kunst – so wie Kunst in ihren höchsten Errungenschaften zur Religion wird." Nun, ich bin mir nicht sicher, ob Ihnen hier alle Künstler zustimmen. Sie betonen verständlicherweise den religiösen Inhalt der Kunst, aber würden Sie nicht zugestehen, dass es viel gute Kunst völlig unabhängig von Religion geben kann und tatsächlich gibt?

Govinda: Wenn Sie Religion im Sinn irgendeines besonderen Glaubens verstehen, kann ich zustimmen, dass die Kunst nicht irgendeine religiöse Idee repräsentieren muss. Doch in der Weise, wie ich das Wort verwendete, bedeutet Religion jene universelle Haltung, die unsere tiefsten Empfindungen und Erfahrungen heiligt, die sogar das Gewöhnliche in einen Zustand der Bedeutung erhebt.

Majumder: Um näher nachhause zu kommen, - Indien wird als besonders religiös bezeichnet. Würden Sie darum sagen, dass die Inder als Volk kunstbewusst sind?

Govinda: Ich würde nicht das Wort ,kunstbewusst' verwenden, denn für Inder existiert Kunst hauptsächlich als Ausdruck des inneren religiösen Gefühls, weshalb ihre Haltung nicht hauptsächlich ästhetisch ist, sondern spirituell.

Majumder: In letzter Zeit haben wir recht oft Beleidigungen durch Touristen eingesteckt, die uns fortwährend erklären, unsere letzten künstlerischen Leistungen seien die Fresken von Ajanta. Ich frage mich, ob Sie sagen würden, dass dies der ganzen Wahrheit entspricht.

Govinda: Mit allem Nachdruck: Nein. Denn es besteht eine lebendige Kunst im gegenwärtigen Indien, und es gibt eine große Zahl schöpferischer Künstler der älteren wie der jüngeren Generation, deren Tätigkeit Indien wieder in die vorderste Reihe des weltweiten kulturellen Lebens bringen wird. Es stimmt, dass viele indische Künstler von der Vergangenheit inspiriert waren. Doch lässt sich sagen, irgendeiner der bedeutenden europäischen Künstler wäre völlig frei von Einflüssen der traditionellen Vergangenheit gewesen?

Majumder: Aber ist die Tradition nicht manchmal totes Gewicht, also ein Hindernis, das neue Schöpfungen hemmt?

Govinda: Das kann so sein, wenn es zu bloßer Imitation führt. Andererseits würden wir uns ebenso eines Extrems schuldig machen, wenn wir Künstler verurteilen, die ganz mit der Tradition brechen, um ihre eigenen Wege zu gehen. Das einzige Kriterium ist die Qualität der Arbeit selbst.

Majumder: Würden Sie sagen, die indische Kunst nähert sich heute Ihrer eigenen Idee an, dem Ideal der Kunst, die zur Religion wird?

Govinda: Das führt mich zu dem zurück, was ich schon über meinen Begriff der Religion sagte. Wenn wir diesem folgen, lautet meine Antwort Ja. Sogar wenn der moderne indische Künstler sich nicht bewusst mit religiösen Motiven beschäftigt, wird doch seine universelle Haltung auch seine Kunst in die Sphäre höchster Verwirklichung lenken.

Majumder: Sie meinen also nicht, dass die Aussichten der Kunst Indiens für die Gegenwart und Zukunft eher düster sind?

Govinda: Ganz sicher nicht.

Majumder: Gut, das wäre es für heute. Mir bleibt, Ihnen für dieses höchst erfreuliche Gespräch zu danken. Namaskar, Namaskar!

Roter Tempel des Mahakala | Ladakh | Pastell 40x48,5cm

Objekte der Ausstellung „Tibets Sachse"
Museum Waldheim 22.5.2016 - 3.1.2017

Gemälde

Einkehr | 1. Versenkungsstufe | Pastell 29,2x40cm

Innere Meeresstille | 2. Versenkungsstufe | Pastell 29,8x40cm

Geburt des Glücks | 3. Versenkungsstufe | Pastell 29,8x40cm

Samadhi - Ausklang | 4. Versenkungsstufe | Pastell 29,8x40cm

Berg Meru mit Weltenbaum (auch tanzender Feigenbaum) | 1922 | Pastell 27,5x37cm

Rhythmus - Palmen und Hütten in Bengalen | Indien | pastell 24,8x35,8cm

Scirocco | Capri - Italien | 1922 | Pastell 28,2x38cm

Tal der Toten | Italien | Pastell 37,5x52,2cm

Kairouan Moschee und Häuser | Tunesien | Pastell 33,8x48,8cm

Positano bei Nacht | Italien | Pastell 32x45,7cm

Positano Häuser und Meer | Italien | 1922 | Pastell 31x23cm

Via krupp | Capri | Pastell 37,5x52,2cm

Moschee Kairouan | Tunesien | Pastell 30,6x22cm

Pantelleria Stadt und Zitadelle | Italien | 29,8x39cm

Ziegelbrennerei bei Rajgir | Indien | Pastell 30,5x39cm

Hindutempel mit Banyanbaum | Indien | Aquarell 37x53cm

BLICK VOM KLOSTER YIGAH CHOELING | INDIEN | 37,5X45CM

WEG ÜBER SCHLUCHT BEI DEHRADUN | INDIEN | PASTELL
    37,2X49,5CM

WEG NACH YIGAH CHOELING | INDIEN | 36X39,9CM

HEISSE QUELLEN BEI RAJAGRIHA | INDIEN | 32X44,7CM

DAWA DZONG - TEMPEL MIT GOLDENEM DACH | TIBET |
    37X49,9CM

CHOMOLHARI VOM RAM-TSO AUS | TIBET | PASTELL 54X37

CHÖRTEN IN DAWA DZONG | TIBET | 37X54CM

DER GESPALTENE BERG VON RII | TIBET | PASTELL 37,3X54,5CM

FELSENSÄULE AM GRUND DES CANYONS BEI THOLING | TIBET |
    PASTELL 37,3X54CM

GYANTSE | TIBET | 51,5X37,4CM

SINIOLCHU GLETSCHER | SIKKIM | 37,4X48CM

LIKIR KLOSTER | LADAKH | PASTELL 25,8X37CM

CHUMITHANG BUDDHISTISCHES NONNENKLOSTER | PASTELL
    32,5X50CM

DER HEILIGE BERG KAILASH | TIBET | KOHLE | 37,3X54CM

ROTER TEMPEL DES MAHAKALA | LADAKH | PASTELL 40X48,5CM

FELSSCHLUCHT MIT BLICK AUF TSAPARANG | TIBET | PASTELL
    37X53CM

FOTOS

Anagarika Govinda mit 75 Jahren | auf Vortragsreise, im Zug nach Berlin | 1973

Ernst Hoffmann mit 7 Jahren in Kassel

Ernst Hoffmann - Soldat im Ersten Weltkrieg

Ernst Hoffmann - mit Anna Habermann auf Reisen | 1920er Jahre

Ernst Hoffmann in Kairouan, Tunesien | 1925

Govinda in Śāntiniketan | 1935

Govindas Hochzeit mit Li Gotami | 1947

Gespräch am Rande einer Tagung in Venedig | 1960

Govinda beim Vortrag

Govinda 1947

Govinda in seinem Haus in Almora

Govinda vor dem Dresdner Zwinger | 1965

Govinda mit den Brüdern Hans-Joachim und Oscar | 1965

Govinda und Li im Familienkreis in Waldheim I | 1965

Govinda und Li im Familienkreis in Waldheim II | 1965

Govinda mit Shunryū Suzuki in Kalifornien

Weitere Objekte

Vitrine: Gesammelte Buchveröffentlichungen Govindas

Vitrine: Der Gelehrte, Aus dem Wissenschaftlichen Werk

Vitrine: Persönliche Dokumente und Gegenstände

Vitrine: Selbstverständnis als Künstler

Vitrine: Tara, Statue einer buddhistischen Gottheit

Vitrine: Avalokitesvara, Statue einer buddhistischen Gottheit

Vitrine: Ritualgegenstände tibetischer Lamas

Vitrine: Tibetische Bücher und Studien Govindas

Vitrine: Büste Ernst Lothar Hoffmanns des Bildhauers Walter Löschke, 1920er Jahre

Bildschirmpräsentation zur Biografie Govindas

DIE AUTOREN

PETER VAN HAM, Buchautor, Fotograf und Ausstellungskurator mit Schwerpunkt westlicher und östlicher Himalaya. Er veröffentlichte zu diesen Themen ein Dutzend international verlegter Bücher und kuratierte ein halbes Dutzend Ausstellungen. Peter van Ham ist Fellow der *Royal Geographical* und *Royal Asiatic Societies*, London, sowie des *Explorers Club*, New York. Nach seinem letzten Buch zur Kunst Westtibets, *Tabo – Gods of Light: The Indo-Tibetan Masterpiece* (Hirmer 2014), arbeitet er unter dem Titel *Guge – Ages of Gold: The West Tibetan Masterpieces* an einer Fortsetzung, die auch Tsaparang und Tholing, die Stätten, an denen Lama Anagarika Govinda arbeitete, erstmalig umfassend dokumentiert. Das Buch begleitet eine von ihm kuratierte Ausstellung zu Westtibet mit Schwerpunkt auf Govindas Arbeiten im Historischen und Völkerkundemuseum St. Gallen/Schweiz ab November 2016.

PETER MICHEL, Religionswissenschaftler, Schriftsteller für spirituelle Themen und Verleger. Er promovierte 1981 an der Universität Freiburg im Breisgau mit einer Abhandlung über die mystischen Quellen im Werk der Dichterin Nelly Sachs zum Doktor der Philosophie. Danach gründete er den Aquamarin Verlag, in dem neben Werken von Sri Aurobindo und Jiddu Krishnamurti auch solche von Lama Anagarika Govinda erschienen, mit dem der Verleger persönlich bekannt war. Unter Peter Michels zahlreichen Büchern finden sich *Das Weltbild der Yoga-Meister* (1982), *Leben aus der Stille des Herzens. Anregungen zur meditativen Praxis* (1986), *Krishnamurti - Liebe und Freiheit. Annäherung an ein Geheimnis* (1992), *Die großen Wegweiser: Lama Anagarika Govinda* (1999) und *Weltreligion* (2001). Ein Gespräch Peter Michels mit dem Physiker Hans-Peter Dürr erschien unter dem Titel *Es gibt keine Materie* (2012).

FRANÇOIS MAHER PRESLEY, in Kuweit geborener deutsch-syrischer Schriftsteller, Fotograf und Kunstkritiker. Er veröffentlichte mehr als 50 Bücher, darunter Belletristik und Sachthemen mit einem Schwerpunkt auf Reiseliteratur. Bekannt wurden unter anderen die Werke *Akwaaba - Willkommen in Ghana* (2007) *Mystisches Marrakesch. Leben in einer anderen Zeit* (2013), das *Klostertagebuch* (2013) und *Islam und Deutschland* (2015). François Maher Presley ist Vorstandsmitglied der Telemann-Stiftung, Herausgeber des russisch-israelischen Musikpädagogen Michael Goldstein und zeichnet für mehr als 120 Kunstausstellungen verantwortlich, wobei er sich zwischen 1990 und 1999 besonders mit der Kunstszene Norddeutschlands beschäftigte. Die von ihm ins Leben gerufene *François Maher Presley Stiftung für Kunst und Kultur* führt unter anderem junge Menschen an kulturelle Werte heran.

RAM CHANDRA TANDAN, indischer Kulturkritiker, Literat, Hindi-Gelehrter an der Universität Allahabad und Maler. Neben zahlreichen Abhandlungen über Themen der Kunst in indischen Zeitschriften veröffentlichte er mehrere Studien über moderne Künstler, die er oft persönlich kannte, in Buchform. Darunter finden sich Werke über die indisch-ungarische Malerin Amrita Sher-Gil, über den mit Indien verbundenen russischen Maler Nicholas Roerich, über den prominenten Vertreter der bengalischen Renaissance Asit Kumar Haldar, über den 2003 verstorbenen Ram Gopal Vijayvargiya sowie über Anagarika Govinda. Ram Chandra Tandan legte zudem Übersetzungen literarischer Werke vor. So übertrug er die Dichtungen der Mīrābāī, einer indischen Mystikerin und Lyrikerin des 16. Jahrhunderts, in die englische Sprache und zahlreiche Texte europäischer Autoren ins Hindi.

BIRGIT ZOTZ, Kulturanthropologin und Tourismuswissenschaftlerin, schloss ihre Studien an den Universitäten in Wien und Linz ab. Schwerpunkte ihrer wissenschaftlichen Arbeit liegen im süd- und zentralasiatischen Raum, bei Themen kultureller Rezeption, des Kulturtransfers, der Mystik und Besessenheit. Bücher u. a.: *Destination Tibet. Touristisches Image zwischen Politik und Klischee* (2010) und *Das Waldviertel – Zwischen Mystik und Klarheit. Das Image einer Region* (2010). Birgit Zotz ist stv. Vorsitzende des Stiftungsrats der Lama und Li Gotami Govinda Stiftung und Herausgeberin von Lama Govindas Buch *Initiation. Vorbereitung, Praxis, Wirkung* (2014). Sie veröffentlichte mehrere Studien zu Lama Govinda, darunter „'Zwielicht frühester Menschheitserfahrung' - Lama Anagarika Govinda und die Orakel Tibets" (2013) und „Anagarika Govinda: Europäische Romantik und tantrische Initiation" (2016).

VOLKER ZOTZ, promovierte nach Studien der Philosophie, Buddhismuskunde, Geschichte und Kunstgeschichte an der Universität Wien. Habilitation in Religionswissenschaft an der Universität des Saarlandes. 1989-1999 war er in Japan an den Universitäten Ryūkoku und Ōtani in Kyoto und Risshō in Tokyo (Japan) tätig. Er lehrte Philosophie und Geistesgeschichte an der Universität für angewandte Kunst in Wien, der Universität Wien und der Université du Luxembourg. Als Vorsitzender des Stiftungsrates der Lama und Li Gotami Govinda Stiftung (München) verwaltet er das geistige und materielle Erbe Lama Govindas. Unter den Buchveröffentlichungen von Volker Zotz finden sich: *Geschichte der buddhistischen Philosophie* (1996), *Auf den glückseligen Inseln. Buddhismus in der deutschen Kultur* (2000), *Der Konfuzianismus* (2015), *Sage etwas oder schweige* (2015), *Mit Buddha das Leben meistern* (15. Aufl. 2016)

SAMADHI - AUSKLANG | 4. VERSENKUNGSSTUFE | PASTELL 29,8X40CM

LAMA UND LI GOTAMI GOVINDA STIFTUNG

Anagarika Govindas Bücher und Artikel, Gemälde und Dokumentationen, Vorlesungen, Vortragsreisen und persönlich vermittelte Impulse weckten in Ungezählten ein Interesse an der Spiritualität Indiens, Tibets und Chinas. Viele regte er durch Werke wie *Grundlagen tibetischer Mystik*, *Schöpferische Meditation*, *Die Innere Struktur des I Ging* auf ihren Wegen an. Sein weltweiter Bestseller *Der Weg der weißen Wolken* führte zahlreiche Menschen zur Wertschätzung der Kultur Tibets. „Inspirieren, nicht belehren," nannte Govinda als Motto seines Wirkens.

Die *Lama und Li Gotami Govinda Stiftung* betreut als gemeinnützige Einrichtung mit Sitz in München das geistige, literarische und künstlerische Erbe von Anagarika Govinda und seiner Frau Li Gotami, auf deren Initiative die Stiftung zurückgeht. Zu diesem Zweck verwaltet sie die Urheberrechte an Govindas Texten wie seinen Nachlass an künstlerischen Werken. Zudem sind der Stiftung die Ergebnisse der Tibet-Expeditionen Lama Govindas und Li Gotamis anvertraut.

Weit über das Bewahren dieses Erbes hinaus trägt die Stiftung zur Weiterentwicklung der zahlreichen Impulse für Kultur und Geistesleben bei, die von Anagarika Govinda und Li Gotami ausgingen. Dies betrifft unter anderem die schöpferische Gesamtschau der geistigen Traditionen Asiens und den Brückenschlag zwischen diesen und westlichen Kulturen.

Die Govinda Stiftung verwirklicht diese Zwecke durch Veröffentlichungen, Veranstaltungen, die Unterstützung sozialer und wissenschaftlicher Projekte sowie durch das Unterhalten von Archiven und Sammlungen. Besondere Bedeutung kommt dem Fördern der Erforschung und des Studiums des Buddhismus zu, dessen Verständnis Lama Govinda ein besonderes Anliegen war.

Viele Initiativen der Govinda Stiftung in Forschung und Lehre werden durch das der Stiftung verbundene *Anagarika Govinda Institut für buddhistische Studien* in Grimmenstein (Österreich) getragen. Das Institut bereitet z.B. eine Gesamtausgabe der Werke Govindas vor, arbeitet an Forschungsprojekten zur Rezeption des Buddhismus in Europa und zu klassischen Texten.

Mit der Stiftung und dem Institut verbunden ist die überkonfessionelle *Lama Govinda Gesellschaft*, die Freunde und Förderer der Stiftung vereint und jedem offen steht, der sich Lama Govinda und seinem Werk verbunden fühlt.

Weitere Informationen über Stiftung, Institut und Gesellschaft:

www.lama-govinda.de | sekretariat@lama-govinda.de
Anagarika Govinda Institut, Hocheggerstraße 43, 2840 Grimmenstein, Österreich

Zeitfracht Medien GmbH
Ferdinand-Jühlke-Straße 7
99095 Erfurt, Deutschland
produktsicherheit@kolibri360.de